成しとげる力

日本電産会長 創業者
京都先端科学大学理事長
永守重信

サンマーク出版

成しとげる力　目次

プロローグ

第1章

一番をめざせ！力はあとからついてくる

第2章

苦労に飛び込め！やがて人生は輝く

第3章 機微をつかめ！ 人の心はこう動く

第4章

変化をとらえよ！大きく見て小さく歩め

第5章

人を育てよ！ 時代は大きく変わる

エピローグ

ブックデザイン　井上新八
編集協力　乙部美帆、鷗来堂
本文組版　山中　央
構成　黒川昭良
編集　斎藤竜哉（サンマーク出版）

プロローグ

半世紀の経営者人生を振り返って思うこと

二〇二一年六月、日本電産の株主総会をもって、私は自ら創業した同社のCEO（最高経営責任者）を後任に譲った。今後も代表権のある会長にとどまり、大所高所から経営には関与していくが、一九七三年に日本電産を創業してから四十八年間、途切れることなく務めてきた経営の最高責任者を、初めて譲ることにしたのだ。

京都の自宅六畳間で仲間三人とともに、たった四人で日本電産を創業したのは、私が二十八歳のときである。人もいなければ、金もない。設備はもとより、技術も知名度もない。まさにゼロからのスタートだった。

もとより順風満帆な航海ではなく、文字どおり苦難苦闘の連続だった。創業期には仕事がなく、注文が入るようになっても資金不足に苦しんだ。落ち着いたと思ったら今度は人材不足にあえいだ。

世の中の景気の荒波にも翻弄された。そもそも創業したのはオイル・ショックの真っ只中だったし、アメリカに株式上場しようという矢先に起きたのが、同時多発テロだった。ほかにもバブル経済の崩壊、リーマン・ショックと、そのたびに売上が激減し、どん底に突き落とされた。

しかし、気概と執念だけは誰にも負けなかった。「私がめざしているのは、零細企業や中小・中堅企業ではない。兆円企業をつくるのだ」——周囲にも取引先にも、そう公言してはばからなかった。「ご立派なことで」と皮肉をいわれることも多かったが、その思いはけっして揺らぐことはなかった。

それから半世紀。若き四人で船出した日本電産は、いまや世界に三百社を超えるグループ企業を擁《よう》し、従業員十一万人を超える「世界一の総合モーターメーカー」に成長した。

日本電産本社の一階には、創業当時に事務所兼作業場として使っていたプレハブ小屋がそのまま移築され、展示されている。ところどころ油が染み込み、風雪に耐えてきた小さなプレハブ小屋は、日本電産の精神の象徴であり、成長の原点である。

いま、人生の大きな節目を迎え、来し方を振り返り、思うところを語ってみたいと思う。成功談を連綿と語るつもりはない。私自身がまだ道半ばである。困難はいまも尽きることがなく、これからも永劫《えいごう》続くだろう。

しかし、これまでの経験のなかで培ったあきらめない心、やり抜く思い、成しとげる力……そうしたものをお伝えすることによって、少しでもお読みいただいた方の力となれれば幸いである。

困難は必ず〝解決策〟を連れてやってくる

苦しみがあれば、そのあとには必ず喜びがやってくる――それは私が子どもの頃、母がよくいい聞かせてくれた教えであった。それから波瀾《はらん》万丈の人生を歩んできて、たしかにそれは真実だと確信している。

人生とは、苦楽が交互に織りなす〝サインカーブ〟である。多くの苦しみを経験したあとには、必ず大きな喜びがやってくる。そして、大きな苦難を乗り越えた人にこそ、より多くの幸せが待っているのだ。

したがって困難や逆境のなかにいるときこそが、飛躍のチャンスなのだ。だから、けっしてそこから逃げてはならない。どんなに強い逆風であろうと、敢然と向き合い、それを乗り越えていくことだ。

私自身もまた、かつて経験したことのない困難に見舞われたときは人一倍悩み、苦しみ、考え抜く。世間では、ずいぶんと威勢のいい人間だと思われているようだが、実のところは、はたから見えるより、はるかに臆病な性格である。夜眠れないこともあれば、燃え尽きて倒れてしまうのではないかと恐怖におののくことすらある。

創業経営者であれば、みな同様の経験をしていることだろう。経営という仕事はそれだけの重責を担うものであるし、むしろ臆病さをもたなければ、やっていけない仕事でもある。

二〇〇八年、リーマン・ブラザーズの破綻に端を発する大恐慌が全世界を襲った。いわゆる「リーマン・ショック」である。それまで業績が順調に推移していた日本電産グループだが、状況は一変した。顧客からのキャンセルの電話が鳴りやまず、売上は急降下した。

「会社がつぶれる」という恐怖が頭をよぎった私は、すぐに図書館に向かった。「百年に一度の危機」だと評論家は論じていた。ならば歴史に残る、一九二九年のアメリカに端を発する世界恐慌について調べてみようと思ったのだ。

かつて経験したことがない危機に直面して、何が何でも解決の糸口を見つけたかった。日本語の本のみならず、辞書を片手に英語の本も片っ端から読み込んだ。危機を乗り切った会社が必ずあるはずだ。そのケースを詳細に分析すれば、生き残り策がきっと見つかるに違いない。

思ったとおり、大恐慌をたくましく生き残った企業がいくつか見つかった。もちろん、百年近くも前の事例がそのまま現在に通用するわけではない。そこで考えたのは、成功の要因を分解し、再構成し、いまの時代にも通用する法則を探すことだった。必死に考えるなかで、ついに独自の解決策を見出すことができた。

すぐにグループ全社に原価の徹底的な見直しを指示し、ムダな経費をしらみつぶしにカットした。同時に仕事の進め方や発想も従来のしがらみにとらわれることなく、原点からの改革を求めた。上から指示するだけではない。世界中の社員からもアイデアを募り、全員で知恵を共有した。

そして、国内グループ社員の賃金カットをどこよりも早く決断することができた。これが功を奏した。多くの企業が軒並み赤字を計上するなか、当初の予想だった莫大《ばくだい》な赤字を抑え、黒字を達成することができたのだ。業績が回復してから、社員の賃金カットぶんは賞与で利子をつけて返すこともできた。この経緯については、第2章で詳述したい。

「困難は必ず解決策を連れてやってくる」という信念を私はもっている。困難がやってきたということは、解決策も一緒にやってくるということだ。だから、逃げずにその困難にしっかりと向き合い、解決策をつかみとることだ。

誰でも困難に真正面から対峙するのは怖い。目の前に立ちはだかる屈強な敵に丸腰で立ち向かうようなものだ。しかし、「困難さん」は必ずポケットの中に、解決策を忍ばせてやってくるものだ。だから真正面から対峙し、がっぷり四つに組んで、ポケットに手を突っ込んで、解決策を奪取する必要があるのだ。

厚い壁にぶち当たったとき、その壁を打ち破るか、乗り越えるかしなければ、前に進むことはできない。しかし、一度経験した困難は確実に血肉となり糧となって、それ以降の成長を支えてくれるものだ。

とにかく一番をめざせ、と私がいい続ける理由

いま私たちは、科学技術の進歩により、「人生百年時代」を迎えようとしている。

おそらくいまこの本を読んでいる人たちの多くが、これから数十年にわたる人生を送

ることになるのだろう。

その数十年は、かつて経験したことのない、大きな変化と混迷の時代になることは間違いない。これまでの常識は通用しなくなるし、思いもよらない苦難に襲われることもあるだろう。問題は、そのなかで私たちがどんな人生を送るかである。

あってはならないのは、「負け犬」になってしまうことだ。世間の荒波に耐えきれず、うまくいかなかった理由を探し続けるばかりで、人生を〝後ろ向き〟に歩んでいく。こういう人はいわば、戦わずして負けている人である。せっかくの人生をそんな「負け犬根性」で生きていくのは、もったいないではないか。

どうせやるなら、どんな分野であっても、「一番」をめざせと私はいいたい。一番をめざすとき、人はもてる能力を最大限に発揮することができる。そういう生き方をするとき、幸運の女神は微笑《ほほえ》んでくれ、人生は最高に輝くのである。

このことを明快に示してくれたよい例が、わが日本電産サンキョースケート部に所属し、二〇一八年の平昌《ピョンチャン》オリンピックで二つの金メダルに輝いた高木菜那《なな》選手だ。

妹である高木美帆選手は中学生の頃からスピードスケートの天才と呼ばれ、オリンピック代表として脚光を浴びてきた。一方の菜那選手は身長百五十五センチと小柄で、妹の陰に隠れて目立たない存在だった。いつも美帆選手と比べられ、「オリンピックのオの字もいえない」つらい日々を送っていたという。

そんな彼女に対して、私は厳しい言葉を投げかけ続けた。「何が何でも金メダルをめざせ！」「銀メダルや銅メダルで満足するな」「一番以外は、全部ビリだ」と、気合いを入れ続けたのだ。

金メダリストには才能が必要なことはいうまでもない。しかし、それだけでは不十分だ。最後にものをいうのは努力、すなわち練習量であり、またそれを支える気概と執念なのである。

すばらしい〝潜在能力〟をもっていながら、妹と比べられて自信を失いかけていた彼女にとって、きっと精神的にも肉体的にも厳しい日々であったと思う。しかし、彼女はへこたれなかった。想像を絶するような努力が実り、女性アスリートとしてわが国で初めて、一つの大会で二個の金メダルをとるという偉業を成しとげたのだ。

意識が変われば、その人がもっている本来の力が発揮されるものである。生まれつきの能力の差があったとしても、大きく見積もってせいぜい五倍ほどではないだろうか。しかし、意識の差はときに百倍もの差を生み出すのだ。

世界一の企業をめざして経営をしていくなかで、私がいちばん注力してきたのは、人の意識をどう変えるかである。すなわち、やる気、気概、情熱、熱意、執念……そうしたものをいかに高めていくかということだ。

そして、大きく意識が変わるのは、何事であれ「一番」をめざすときである。だから私は「一番をめざせ!」「一番以外は全部ビリ」とくり返し檄《げき》を飛ばし、訴え続けてきた。

携わる人たちの意識をいかに高めるか――それは経営やビジネスだけにとどまらない。人が生きるあらゆる場面において、もっとも大切なことだと信じている。

働く人の意識を変えれば会社はよみがえる

私はこれまで数々のＭ＆Ａ（企業買収）を駆使して、会社を大きく成長させてきた。その対象としてきたのは、すぐれた技術をもちながら経営不振に陥っている企業である。「原則として経営陣を変えず、社員の解雇もしない」「会社の個性と独立意識を尊重する」――これが私流のＭ＆Ａのやり方である。

つまり、人を入れ替えたり、辞めさせたりはしない。会社のあり方もそのまま残す。なぜなら、どんな人材でも磨けば光るという確信があるからだ。そもそも高い技術力をもっているのだから、能力の高い人たちの集まりだ。働く人たちの意識さえ変えることができれば、必ず会社はよみがえるのである。

なぜ、そう確信するまでになったか。その原点は、人材不足にあえいでいた創業時にまでさかのぼる。当時はいくら募集しても人が集まらず、ましてや有名大学出身のいわゆる優秀な人材など望むべくもなかった。そこで私は考えた。

将棋では、歩が敵陣深く攻め込んだ場合、「〝歩《ふ》〟が〝と金〟に成る」といって、駒を裏返して金将と同じ働きをさせることができる。

「当社は将棋の駒でいえば〝歩〟のようなもの。集まってくる人材も同じだ。だったら〝歩〟の人材を大きく育てて〝と金〟にしよう」と。

それからというもの、学校の成績に関係なく、とにかくやる気のある人材を採用し、日々の仕事のなかで徹底的に鍛えた。その効果はめざましかった。多くの社員が期待どおり「と金」になり、会社を支える人材に成長していったのだ。

その過程では、〝奇天烈《きてれつ》〟な採用選考をして何度も世の中の度肝を抜いたものだ。たとえば、「大声試験」。学生たちに文章を読ませて声が大きかった者から順番に採用するというものだ。また、弁当を早く食べ終わった学生から採っていった「早飯試験」や、試験会場に早く来た順に採用するということも行った。

これらはいずれも、仕事ができる者とは、食事が早く、声が大きく、早く出社するという私の経験則に基づくものであったが、その後、これらの選考を経て日本電産に入った者の活躍ぶりを見るにつけ、その方法はけっして的外れではなかったことをあらためて実感するのである。

こうした取り組みや経験を通して、いま断言できるのは、仕事における優秀さと、卒業した大学のブランド、そこでの成績とはまったく関係がないということである。むしろ、一流大学を出た学生は与えられた仕事は上手にこなすが「指示待ち族」が多く、ユニークな発想も、独自に状況を判断して動く自主性も弱いことが多い。

一方、学業のほうはいまひとつでも、何か一つのことに打ち込んできた者や、ほかの人がやらないことに挑戦する気概をもった〝とんがり人間〟のほうが、仕事の場面では頭角を現すことが多いのだ。

昨今、頭のよさを示すＩＱ（知能指数）とともに、感情の豊かさを示すＥＱ（感情指数）の大切さが指摘されるようになった。ＥＱとはつまるところ、「人間力」である。いくら知識を詰め込んでも、学業の成績がよくても、ＥＱ値は上がらない。そして、いくらＩＱが高くても、ＥＱをもち合わせなければ、もてる能力を活かしきることはできないのだ。

しかし、世の中には相も変わらず「学歴ブランド主義」が横行している。学生たちが求めるのも一流大学を卒業したというブランドだし、企業もまた、学生たちを大学名で判断して採用する。

一流大学に入ることだけを目的にひたすら勉強に明け暮れた若者の多くは、入学したときには精力を使い果たしてしまい、四年間をただ遊びとアルバイトに夢中になる。そんな学生が社会に出て、いい仕事ができるわけがない。大切なのは、頭のよさや知識の多さよりも、意識の高さである。

そうした現状への憂いから、私は二〇一八年より大学教育に携わり、この学歴社会に一石を投じるべく、目下、教育改革に邁進《まいしん》中である。これについては、第5章でくわしく述べたい。

人生「七割の運」をどう呼び込むか

人生とは運が七割、努力が三割である。経営の世界に身を置いていると、まさにそのことを実感する。最後は運に任せることしかできないという場面に出くわすことが多々あるからだ。

私が一生をかけて追求していくことになるモータと初めて出合ったのは、小学校四年生のときだったが、いま振り返れば、それも運のめぐり合わせであった。

理科の授業で、コイルを巻いて模型のモータを組み立てて動かすという実習をしたときのことである。私が作ったモータがクラスのなかでもっとも静かに、そして速く回った。それを見た先生が「すごいじゃないか。お前がクラスで一番だぞ」と、みんなの前でほめてくれたのだ。

この先生は、ふだんは裕福な家庭の子どもをえこひいきして、貧しい家の私を無視するのがつねであった。小学校時代、私は勉強もよくできたが、この先生にほめられたのは、あとにも先にもこのときだけだった。

このとき先生がほめてくれなければ、これほどまでにモータというものの魅力に取り憑《つ》かれることはなかっただろう。工夫すれば誰よりもいいものができる、認めてもらえるという自信が、このとき私の心に強烈に植えつけられたのだ。

そして大学に入って研究したのが、「ブラシレスモータ」というものである。モータには、電流の切り替えを「ブラシ」と呼ばれる電極で行うブラシ付きモータと、電子回路で切り替えるブラシレスモータの二種類がある。

ブラシ付きモータは、電極が接触しながら回っているので、交換などのメンテナンスが必要になる。一方、ブラシレスモータは機械的な接触がないので、摩耗や火花が生じない。寿命が長く、音も静かなうえに効率的で、小型化にも適している。これからさまざまな分野に活用でき、主流になるのがブラシレスモータだと思い、研究してきたのだ。

世界のモータをすべてブラシレスモータに替える――それこそが、創業したときの趣意書にも書いた、日本電産のミッションであった。

当時は、その趣意書を持って銀行に融資のお願いに回ったが、オイル・ショックの真っ只中でもあり、「なんと大ボラを吹いていることか」と、どこの銀行にも相手にされなかった。

たしかに、ブラシレスモータはすぐれた特徴をもっていたが、価格が高いなどの難点があり、魚群探知機のような限られた市場で細々と製品化されるだけだった。それでも当社は、将来を見据えて、新たな用途の開拓に地道に取り組んでいった。

それからしばらくして、私はまた大きな運の流れに救われるのである。それは、一九八〇年代半ばからアメリカを中心に始まった急速なパソコン市場の拡大であった。とくにノートパソコンの登場が市場に革命を起こした。

わが社が開発した小型で軽量、消費電力が少ないブラシレスモータがハードディスクに搭載され、爆発的に普及したのだ。いち早く開発に乗り出したのが大当たりし、業績は飛躍的に伸びて、ライバルに大きな差をつけた。

わが社は現在、ブラシレスモータのトップメーカーとして、コンピューター機器やＯＡ機器、車載向けなどさまざまな市場に進出している。創業時の趣意書に掲げた壮大な〝夢〟が、姿を見せ始めたのである。

「成しとげる力」をつける人の法則

運が七割といっても、ただ待っているだけでは運はやってこない。運をつかむためには、いくつかの法則があると思っている。

まず、つね日頃より準備と努力を怠らず続けていることである。努力の積み重ねがないところには運もやってこない。じっさい、よい流れが来たときは即断即決が原則である。チャンスは一度しかやってこないし、たいていはものすごいスピードでやってくるものである。そのときに迷ったり、判断を躊躇《ちゅうちょ》したりしていたら、とうてい間に合わない。

たとえば、かつて私は愛読書の一つに『会社四季報』を加えていた。M&Aをするとき、いまわが社に足りないものは何か。そして、その技術をもっているのはどの会社か。その会社の経営状態はどうか。いつも手元に『会社四季報』を置いてページをめくりながら、シミュレーションを重ねるのを習慣にしていた。私ほど『会社四季報』を読みこなしてきた経営者も少ないのではないだろうか。

これはあくまでも一例ではあるが、しっかりと準備ができていればこそ、チャンスがきたときに即断即決、自信をもって踏み込めるのだ。もちろん、どんなときにもリスクはある。しかしここ一番というときに運を呼び込むことができるのは、ふだんからの努力を怠らないからである。

さらに、「先憂後楽」の生き方をしていることである。「先憂後楽」という言葉にはさまざまな解釈があるが、私は先に苦労をしておけば、その苦労が報われたぶん楽しみも大きくなる、という意味だと理解している。

先に述べたように、人生にはよいことと悪いことが同じだけやってくる。一生の収支をとってみたら、プラスマイナスゼロである。ここで人が選びうる生き方は、大きく二つの道に分かれる。

一つは、人生どうがんばってみてもつらいことはやってくるのだから、楽しいこと、楽なことに目を向けて、生きていこうという道。これは安易で享楽的な生き方である。

もう一つは、あとから大きな喜びを手にするために、先に苦難や逆境を味わってしまおうとする道だ。これが「先憂後楽」の生き方である。先に苦しいことを経験したぶん、あとには大きな楽しみがやってくる。そうした心がけで人生を歩んでいる者にこそ、幸運の女神は微笑むのである。

そして何よりもこれが大切なことであるが、どんなときも前向きに、未来を見据えて夢を語ることである。

会社を創業したとき、「世界に羽ばたく兆円企業になる」と宣言し、十年先、五十年先をも見据えたビジョンを語ってみせた。当時、私はまだ三十前の若造であり、社員は私を含めてたったの四人。会社には工場や設備はおろか、机すらない。その時点ではたんなる「大ボラ」にすぎなかった。

しかし、それから懸命に努力を重ねていくにつれ、それは中ボラになり、小ボラになり、やがて実現可能な「夢」へと変わっていったのだ。

だから、分不相応でもかまわない。大言壮語でもいいから、気宇壮大な夢を抱き、その夢をあきらめずもち続けること。そして倦《う》まず弛《たゆ》まず努力を続けることだ。そうすれば、必ずや幸運の女神は微笑み、努力が報われるときがくる。

夢が大きいほど、やってくる苦難も大きいだろう。しかし、それに打ち勝ったぶんだけ、「成しとげる力」をつけることができる。そして、生きる本当の喜びを感じることができるだろう。

これからの人生百年時代、あなたはどのように生きるのか。ぜひ「成しとげる力」をつけていただきたい。そのためのヒントを本書から読み取っていただければ、この上ない喜びである。

第1章

一番をめざせ！力はあとからついてくる

つねに一番をめざして夢をかなえてきた

子どもの頃から「一番になること」しか考えていなかった。友達と野球をするときも、ピッチャー兼四番バッターでなければ気がすまない。銭湯に行ったときも靴を入れるのは決まって一番の下駄箱。空いていなければその上に置いていた。

将来は社長になると決めていたし、モータに興味をもったのも、前述したように小学校の先生が、私が作ったモータをクラスで一番だとほめてくれたからである。そして、会社を創業したときに掲げたのもまた、「世界一のモーターメーカーをめざす」という気宇壮大な夢だった。

日本電産を創業したのは、一九七三年の七月。夏の暑いさなかであった。私はたった三人の従業員を前にして、一時間四十分にもわたって訓示を垂れた。「めざしているのは零細企業や中小・中堅企業ではなく、兆円企業である」こと、そして「精密小型モータの分野で世界のトップになる」ことを明言した。

そのときはまた、こんなことも語った。十年後には、京都のいちばんよい場所に会社を置く。二十年後には自社ビルを建てる。三十年後には京都でいちばん高いビルを建てる。さらに、五十年後には売上高一兆円をめざす――。

そして、その後、このとき明言したとおりに、夢をかなえてきた。創業から十年後には、京都の中心部ともいえる烏丸御池《からすまおいけ》に本社を構え、二十年後には自社ビルを建てることができた。

そして三十年後の二〇〇三年には、京都一の高さを誇る本社ビルを建てた。当時、京都には売上規模ではとうてい及ばない、勢いのある会社がいくつもあった。売上で一番になれないのなら、まずはビルの高さで一番になってやろう。売上はいつの日か抜けるだろうが、建物はあとから継ぎ足せるものではない――そう考え、当時の基準で可能なかぎり高い百メートルの高さをめざした。おそらく〇・六メートルぐらいは地盤沈下が起こるだろうと、最終的には百・六メートルのビルができあがった。

本社はたんに仕事をするだけの場所ではない。そこで働く従業員たちにとっては、精神的なシンボルでもある。本社ビルはまさに「一番」の象徴なのである。

そして二〇一四年度、創業から四十一年あまりを経て、日本電産は創業当初に掲げた目標であった売上高一兆円を達成。従業員も世界で十一万人を抱える、世界トップクラスの総合モーターメーカーへと成長させることができたのだ。

一番をめざすことで、私は夢をかなえてきた。一番にとことんこだわるからこそ、気概も高まるし、実力も磨かれるのだ。だから、会社の創業以来、半世紀を経たいまも、私は幹部や従業員に「一番をめざせ」「一番以外はビリと同じ」とくり返し語り、自らをもまた鼓舞し続けている。

母から学んだ勝つことへの気概と執念

そもそも、一番をめざすという強い心を私に植えつけてくれたのは、母であった。子どものとき、友達とのけんかに負けて、泣きながら家に帰ったことがあった。母親は慰めてくれるどころか、「なんで負けたんだ」といって厳しく叱る。相手は年上で体も大きい、負けても仕方がない、と私が泣きながら訴えても、聞く耳をもたなかった。「小さな体のお相撲さんでも、見上げるような大きなお相撲さんを投げ飛ばしているではないか」と許してくれない。挙げ句の果ては「もう一回けんかしてきなさい」と尻を叩《たた》かれた。

仕方なく、再びけんか相手のところに行くが、殴るどころか相手の体に触れることもできずに帰ってくる。「今度は勝ったぞ」とうそをついてみても、母親はお見通しだ。相手の髪の毛やひきちぎった服のボタンなど、〝戦利品〟を見せるまで納得しなかった。

母親はなぜそこまで勝ちにこだわったのか。いまになって振り返ると腑《ふ》に落ちる。子どもは大きくなったら社会に出て、いや応なしに幾多の困難に出合う。そのときに尻込みして逃げてはならない。困難に立ち向かい、勝ち抜くまであきらめるな。いまは貧しくとも気概と執念だけは失うな――。そうしたことを、体験をもって教えたかったのだと思う。

そんな母であったが、私が二十八歳で会社を興《おこ》すときにいちばん反対したのもまた、母だった。兄たちが金融機関からの融資の連帯保証人になり、もし事業が失敗したらきょうだい一族が破滅してしまう。「そんな無謀なことはやめてくれ。私は七十歳に近い。もうすぐ死ぬから、私が死んでからにしてくれ」というのだ。

しかし、社長になるのは小学生の頃からの夢だった。「精密小型モータで世界一になる」という熱い思いを切々と訴えると、母親もついに折れた。そのとき、母親と一つの約束を交わした。

「どうしてもやるというのなら、人の倍働くと約束してくれるか。私は人の倍働いてきたから自作農になれた。人の二倍働いて成功しないことはない。倍働きなさい」

創業以来、私は母のこの教えを一貫して守ってきた。人の倍働く――わずか四人でスタートし、実績も人手も資金もない当社が、並み居る大手企業との勝負に勝つにはこれしかなかったのだ。いまでもこの教えは日本電産の精神に包含され、脈々と受け継がれている。

私が仕事をしている会長室の窓は、母が眠る墓地の方向を向いている。努力を怠ってはいないか、つねに母に見てもらうつもりで、今日も仕事に励んでいるのだ。

社長になりたいという思いが芽生えた瞬間

私が社長になりたいと願うようになったのは、小学校三年生のときである。

時代は数年前に勃発した朝鮮戦争の特需によって、戦後初めての活況を呈するようになっていた。私が住む近所にも、この特需で裕福になった同級生の家があった。継ぎはぎだらけの服が当たり前だった当時、その友達は詰め襟の服を着て、ハイソックスに革靴を履いていた。

勝手口から友達の家に入り、驚いた。子ども部屋にはドイツ製の鉄道模型のレールが敷かれ、その上をミニチュアの電車が走っている。午後三時になると、お手伝いさんが「おやつの時間ですよ」といって、不思議なものを持ってくる。「それは何？」と聞くと、「知らないのか。チーズケーキだ」といって、少しだけ分けてくれた。夕方になって再び勝手口から帰ろうとすると、台所からジューッという音とともに、これまで嗅《か》いだこともないような香ばしい匂いが漂ってくる。見ると、フライパンの上に何か赤いものが載っている。

「あれは何？」と聞くと、「これも知らないのか。ステーキだ」と答え、ひと口食べさせてくれた。これまで食べたことがないような、何ともいえない味がした。チーズケーキもステーキも、当時の一般家庭では手が届かないぜいたく品だった。

「お父さんは何をしているの」と聞くと、その友達は「会社の社長だ」といって、胸を張った。なるほど、社長になれば立派な家に住んで、こんなにおいしいものを食べられるのか。このときに私の心に芽生えたのが、「将来は社長になる」という思いだった。そして立派な家に住んで、おいしいものを食べるぞ、と。

その後、友達の父親から、いかに苦しいなかで会社を創業したかという話を聞かせてもらう機会があった。

「いまは立派な生活をしているが、昔は君よりも貧しい生活をしていたんだよ」

そういわれると、自分でも社長になれないことはないという思いが、ますます強くなっていった。

それ以降、「社長になりたい」という思いが色褪《いろあ》せることはなかった。自分には社長になる道以外にはないと思うようになった。将来の夢というテーマの作文には、必ず「社長になりたい」と書いてきた。担任の先生には大笑いされたが、私の夢はそこからスタートしたのだ。

どんなに小さい会社であろうとも、社長というのはその会社のトップである。「鶏口となるも牛後となるなかれ」という言葉もある。大きな会社の末端に埋もれるのではなく、小さい会社であっても自分がトップでありたいと願ったのだ。それはまさに、「一番」になる人生を歩みたいという思いの芽生えであった。

いまは「一番」が〝一人勝ち〟する時代

現代社会は、私が身を置いている実業の世界のみならず、あらゆる分野で「一番が一人勝ちする」時代に入っている。かつては国内、国外を問わず、いずれのマーケットも上位四社ぐらいまでがほぼ横並びのシェアを保ち、各社はそれぞれ利益を確保してきた。四位、五位、六位でも生き残れた、よい時代があったのだ。

しかしいまではシェア一位が、全体の六割以上の利益をもっていってしまう。二位が残りの半分をとってなんとか利益を絞り出せるが、三位になるとやっとのことで収支トントン。それ以下は赤字に陥ってしまうというのが現実だ。勝ち組と負け組などという生やさしいものではない。もはや圧勝組と惨敗組に鮮明に分かれてしまうのだ。

製品の寿命がきわめて短くなっていること、高度化する技術力の差がそのまま製品の格差として表れることなど、背景にはさまざまな理由があるが、いちばんの要因は、働いている一人ひとりの意識、考え方、働き方、行動の仕方にある。どんな分野のどんな仕事であっても、つねに一番をめざすことが求められるのだ。

私も経営をするうえで、一番をめざすという姿勢を崩さずにきた。製品の品質と精度はもとより、シェアもまた一位をめざして努力を重ねる。そのためには、マーケティング力も人材も、つねに一番をめざさなければならない……。

「二番でもいい」などと考えていたら、あっというまに三番以下になりさがってしまう、厳しい世界である。現代社会においては、まさに「一番以外はビリ」なのである。

それは何もビジネスにかぎった話ではない。たとえば、オリンピックなどにみるスポーツ競技でも同様だろう。たとえば百メートル走の場合、金メダルと銀メダルの記録の差はわずかに〇・〇一秒単位にすぎない。しかし、二つのメダルには天と地ほどの差がある。

表彰式を見れば一目瞭然だ。金メダルをとった国の国歌が厳かにスタジアムに流れる。銀メダリストは金メダリストより低い位置で、じっと聞かなければならない。場内に流れる国歌は、観衆のみならず、全世界に中継されるのだ。

順位とは名ばかりで、実は金メダルの「一人勝ち」といってもいい。スポーツという勝負の世界に端的に表れる、それがこの社会の厳しい現実なのだ。

真似だけでは人を超えることはできない

一番をめざすための第一歩は、その分野のトップランナーを詳細に研究し、真似ることである。「人の真似はイヤだ」とメンツにこだわり、一から始めたのでは、膨大な時間がかかり、急速に進歩をとげる技術革新の時代に生き残ることはできない。

しかし、真似るだけでは「同等以下」にしかなれない。そこに独自の強みを注入することで初めて、世界一の地位を得ることができるのである。

モータ開発を例にとるならば、まずは市場でトップシェアにある他社製品のモータを入手する。次に、そのモータを分解して、どの性能がすぐれているのか、顧客が魅力に感じている点はどこなのかを徹底的に分析する。実際に真似て作ってみて、技術的な難易度などを体感することも重要だ。

そのうえでもてる最先端のアイデアや技術を加えることでイノベーションを追求し、一気に抜き去るのだ。他人がやっていることを、そのまま真似るだけでは絶対に勝てない。新たな価値を付加しなければ、一番にはなれないのだ。

私は創業以来、京セラの創業者である稲盛和夫さんを目標に今日まで必死に走ってきた。同じ京都の地でゼロから会社を興し、一兆円企業に育て上げた稲盛さんを師と仰ぎ、ときにはライバルとして、その背中を追ってきた。先に述べたとおり、京都一の高さを誇る本社ビルを建てたのも、それまで一位だった京セラの本社ビルを抜くためでもあった。

その京セラが導入していたのが「アメーバ経営」という独自の経営スタイルだった。会社全体を機能別、製品群別に小さな組織に分け、それぞれをあたかも一つの中小企業のように独立採算で運営するという、画期的なシステムだった。

現場にコスト意識や経営意識を植えつけ、会社全体を活性化させるすばらしいもので、この手法を知り、ますます稲盛さんへの尊敬の念を深めた。

しかし、日本電産には馴染《なじ》まないと判断し、アメーバ経営を参考にしながら「事業所経営」という独自の経営手法を編み出した。各工場を拠点に、仕入れから生産に至るまで一貫した体制を敷いて、各事業所の損益を明確にする〝独立採算制度〟である。これだと小さな組織同士で不必要な競争をすることなく、事業所の責任者が営業や開発、製造など各部門のバランスをとりながら、全体最適をめざすことができる。導入後の業績が急速に伸びたことで、この制度が日本電産にふさわしかったことが証明されたのだ。

海外進出についても同様のことがいえる。すでにたくさんの企業が進出している場所に進出しても、二番手、三番手以下にしかならない。新しい土地に誰よりも早く乗り込むことができないと、一番にはなれないのだ。

日本電産は「顧客の近くでモノを作り、供給する」「品質に問題があれば、ただちに出向いて、しかるべき対応をとる」という顧客密着型の経営方針を掲げてきた。「メードインマーケット」をキーワードに、グローバル展開を推進してきたのだ。

中国はその重要な海外拠点の一つであった。当社が進出を計画していた当時は、香港の北に隣接する新興都市・深圳《しんせん》が脚光を浴びていた。多くの日本企業が深圳に進出し、ブームになっていたのだ。しかし、私が注目したのは、東北部の大連だった。

市長は企業を呼び込もうと躍起になっていたが、当時の大連は空港も未整備なほど開発が遅れており、どの企業も相手にしなかった。おかげで日本電産の進出は市長を筆頭に市をあげて歓迎され、多大な協力を得ることができた。

その後、大連はめざましい発展をとげ、事業にも好結果をもたらした。あのとき深圳に固執していたら後発組となり、このような成功は望めなかったうえに、いずれ撤退を余儀なくされていたかもしれない。

またベトナムのホーチミンに進出したときも同様であった。外国企業として真っ先に進出したおかげで、首相や主席クラスの要人に直接会うこともできたうえに、市長に会うために市庁舎に向かうときには警察に先導され、政府の要人を迎える赤絨毯《じゅうたん》の応接室で、まるで国賓級の扱いだった。いまは規制がかかって、そのようなこともできなくなってしまったが。

どんなことでもそうだが、変化のスピードはどんどん速くなっている。人の後ろからついていっても成功はおぼつかない。丹念な調査を地道に継続する一方で、独自性を打ち出し、リスクをとって一番で参入する。それができるか否かが、成長発展の鍵を握っているのだ。

強みを活かし、一番になれる場所を見つけよ

「どの分野でトップに立つか」を考えるのも、一番をめざすうえで大切なことである。強豪ひしめくジャンルで一番になるのは並大抵の努力では達成できない。もてる強み

を活かし、競争が少ないジャンルを狙うのも一つの戦略である。

同じことは個人の「人生戦略」にもいえる。たとえば、わが社に入ってくる工学部出身の新入社員に「どの部署に配属を希望するか」と聞くと、ほとんどの人が「研究部門でモータの開発に取り組みたい」と答える。

しかし、将来、課長、部長と昇進して、役員のトップになれるのはわずか一人。そこには熾烈《しれつ》な競争が待っている。そのうえ、研究には一定数以上のＩＱ（知能指数）も必要だ。必死の努力で高めることができるＥＱ（感情指数）で補うのにも限界がある。

そこで、私はよくその人の能力や適性を見極めながら、個別にアドバイスした。「君には相手に何度も断られてもへこたれないガッツがある。研究畑よりも営業で成果を挙げるタイプだと思う」「大学で学んだ技術を活かして生産現場でものづくりに取り組んだらどうだ」

いかなるルートを選択するかは、まさに一生を左右する問題だ。そのときに忘れてはならないのは、自分の強みを存分に発揮できる道を選ぶことである。どんな人でも力を発揮できる分野はあるが、何でもできる力をもっている人は少ない。だから、自分の強みを活かせる道を見出して、それを深掘りすることだ。強みが活かされる道であれば、成功体験を積むことができ、それが自信へとつながっていく。

高校生のとき、私は近所の中学生を集めて学習塾を開いていたが、そこでは勉強を教えるだけではなく、進路指導も行っていた。そこでよくアドバイスしたのは、一番をとるための志望校選びである。

「どこの高校に行きたいのか」と尋ねると、生徒たちはたいてい、偏差値の高いハイクラスの学校を選んでくる。そんなときに、よく私はこのように説得した。

「そんな高校に行ってもまわりは優秀な生徒ばっかりで、ビリになるだけだ。それなら、一つレベルを落とした高校に行け。そうすれば、絶対に一番になれるぞ」

私のいうことを聞き入れてランクを落とした生徒は、高校に行ってから自信をつけて、それなりによい大学に入った者もいる。レベルの高い高校に無理して入って自信を失うよりも、かえってそのほうがよかったのではないかと思う。自信をつけるには自分の実力を見極めることと、それに沿って段階を踏むことが、ときには必要なのだ。

己の実力を知ってこそ、頂に立つことができる

どんなに小さくてもよいから成功体験を重ねること――それによって自信がつき、負けん気が培われ、さらに大きな成功につながるものだ。すると、見える景色がどんどん変わっていく。ただし、自分の実力や器量というものを正しく評価したうえで取り組んでいくのが鉄則である。

走り高跳びを例にとれば、一メートル五十センチをクリアしたからといって、いきなり二メートルにチャレンジするのはあまりにも無謀だ。次は一メートル五十五センチ、成功したら一メートル六十センチと、小刻みでいいから成功を積み重ねていって記録を伸ばすのだ。

私は山登りが好きで、ひと昔前は体力づくりによく山に登ったものだ。山登りはペース配分が大切だが、最初は体力がありあまっているので、速いペースでどんどん登れるような気になってしまう。生来の負けず嫌いの性格も加わって、ほかの登山者をどんどん追い抜いて登っていく。

すると、八合目あたりで体力を使い果たし、足が一歩も前に進まなくなる。仕方なく横になって休憩していると、先ほど追い抜いた登山者が横を通り過ぎていく。団体を率いているリーダーのような人が、横になっている私を指差していう。

「みなさん、あそこで倒れている人がいるでしょう。あの人はペースを守らずにどんどん登っていった人です。無茶をすると、あのようになるので気をつけましょう」

そういって、わざわざ教訓を垂れているのだ。みっともないやら恥ずかしいやらで腹も立つが、仕方がない。

自分の実力を過信し、苦労せずに登れると山を甘くみていたのだ。そんな失敗をくり返しながら身をもってその無謀さを知り、体力を温存しながら山頂をめざすことを学んできた。

このことは人生にも会社経営にも通じる。「絶対に山頂に立つぞ」という気概と執念が必要なことはいうまでもないが、そのうえで、自分の実力を正しく認識することも大切だ。この二つが備わって、初めて物事を成しとげることができるのだ。

己の実力や器量を客観視することはなかなかむずかしく、おおむね二十〜三十パーセントは高く自己評価しているのが通例だ。実力をはるかに超えた目標にチャレンジして大失敗してしまっては意味がない。

エジソンの時計には、なぜ針がなかったのか

ノーベル賞を受賞した研究者が、研究にどれくらいの時間を費やしているか調査したところ、人の倍の研究をしていることが、データからも明らかになったという。世界レベルの仕事をする人は、それ相応の時間を費やしている。つまり、人の何倍もの努力を重ねているのだ。

発明王・エジソンの研究室には大きな時計が壁にかかっていたが、不思議なことに

その時計には長針も短針もない。訪れた人が不思議に思い「時計の意味がないではないか」というと、エジソンはこう答えたという。

「時間を忘れるぐらいでなければ、世界レベルの仕事はできない」

時間にとらわれることなく、できるまで努力することが何よりも大切なのだと、エジソンは伝えたかったのだ。

以前のことだが、ニューヨークへ向かう飛行機の中で、たまたま世界的なピアニストと隣り合わせになったことがあった。楽譜を見ていたその人は「失礼します。二時間で終わりますので」といって、いきなり折りたたみ式の木製の鍵盤を取り出して、ピアノの練習を始めたのだ。

もちろん音は出ないが、まるで本当にピアノを弾いているように一心不乱に鍵盤を叩くのだった。その後、食事が出て、しばらく休んだあとに、また「失礼します」といって、今度は三時間にわたって練習した。

このあと、そのピアニストから聞いた言葉に思わずうなった。練習を一日休めば、音色がおかしい、と自分でわかる。二日休めば、そのことがパートナーの奏者にわかる。そして、三日休めば聴衆にもわかるのです、と。

世界レベルの実力を維持するためには、いかに日々の鍛錬が大切かということだ。このことは、経営にもいえることだ。五パーセントの利益率を倍の十パーセントにするためには、倍の努力では足りない。その二乗、すなわち四倍の努力をしないと達成できない。三倍の十五パーセントにするためには、九倍の努力が求められるのだ。

「できない」と思うより先に「できる」と百回となえよ

創業まもない頃の話である。仕事をもらうために必死になって営業に回るが、聞いたこともない名前の会社なので、断られることがつねだった。社名こそ立派だが、会社の所在地は自宅のまま。そのうえ工場は民家の一階で従業員はたったの三人。どこも相手にしてくれなかった。

なかには、門前払いはかわいそうだと思うのだろう、無茶な注文を振って、あきらめさせようとする会社も出てくる。

「いまの製品より重さは半分でパワーは倍。加えて消費電力が半分で賄えるものが作れますか」

無理難題を押しつけてくる。これでは通常の仕事の発注ではなく、新製品の開発と同じだ。それでも私は「ありがとうございます」といって、大手メーカーが二の足を踏むような仕事ばかりを引き受けてきた。

「どうすればできるだろうか」――会社に戻り、四人で知恵を絞りながら夜を徹して図面を引く。気がつくとプレハブ小屋の作業場の小さな窓の外は白み始め、小鳥がさえずり始めている。

「少し休憩して、もう一回だけ、図面を考え直してみよう」

みんなに声をかけて仮眠をとるのだが、けっきょく夢の中でも図面を考えている。寝ても覚めても試作品作りに明け暮れた。

このように試行錯誤を重ねるうちに、「重さ」は二分の一の要求に対して二十パーセント減になり、「消費電力」もなんとか十五パーセント減にまでこぎつけることができた。発注元が指定した性能には及ばないが、技術的にはかなり水準の高い製品に仕上げることができたのだ。

恐る恐る試作品を持っていくと、「すごいですね。ここまでできるなんて大したものです。大手に依頼したけど断られました」と感心して、すぐに注文をくれた。

こういうことをくり返しながら、少しずつものづくりのノウハウが蓄積され、市場の門戸が開かれていったのだ。

発注元から無理難題をいわれて会社に戻ったときによくやったのは、仲間を集めて、「これから一緒に、できる、できる、できる、と百回いおう」と呼びかけることだった。これを何度もくり返していく。

二百回、三百回では、その気にはなれなかったが、五百回を超える頃から、何となくできるような気がしてくるから不思議だ。その高揚した気分をエネルギーにして試作を積み重ねた結果、発注元が満足する製品を作り出すことができたのだ。

このようにして日本電産は他社が二の足を踏むような新製品を次々と世に送り出してきたのである。

「すぐやる」習慣が、命運を大きく分ける

日本電産には〝三大精神〟なるものがあるが、そのうちの一つが「すぐやる、必ずやる、出来るまでやる」である。これもまた創業時に定め、いまでもそのままに受け継いでいる会社の〝基本精神〟である。その筆頭に「すぐやる」を挙げたのには、大きな意味がある。

これはあらゆる製品に共通していえることではあるが、たとえばモータを開発する場合に、あらゆる組み合わせの実験を重ねていく。仮にその組み合わせが百万通りあったとすれば、たった一つの正解にたどりつくためには、いかに短時間で実験をくり返すかが勝敗を大きく分ける。だからこそスピードが成功への大きな要素になるのだ。

じっさい経営の現場でも、ほかのことがすべてできていても、スピードが遅いだけで大きな赤字を抱えているという例も少なくない。たとえば、以前M&Aでわが社の傘下に入ったある会社のケースである。

その会社は、高い技術力と優秀な人材、そして、安定したマーケットをもっていた。しかし、経営判断のスピードと、決断から実行するまでの時間が、わが社の三倍ほどかかっていたのである。これ以外には、ほとんど問題点は見つからなかった。

決断の遅い経営者と、スピード感の欠如した社員がいただけで、赤字が百億円まで膨れ上がってしまっていた。まさにスピードで勝敗が決まったのだ。

なぜこの会社はスピード感に欠けていたのか。それは、会社の歴史のなかでつくられていった社風が、そうさせていたのだといえる。たとえば私が技術部長に電話をかけて「ちょっと確認したいことがあるので、すぐに来てほしい」と告げたとしよう。日本電産の部長なら、一分もしないうちにドタドタと廊下を駆ける足音が聞こえ、部屋のドアがノックされるのが日常の風景だ。

ところが、この会社の場合、受話器を置いてから五分たっても、十分たっても技術部長は現れない。業を煮やして再び電話を入れると「すぐに伺います」とおっとり答えて、それから、五、六分後になって、ようやく顔を出す始末だ。

これが、長い歳月をかけて形成されてきた、この会社の社風なのだ。日本電産の場合は、すぐに飛んでこない幹部社員に対しては、「会社の最高責任者が呼んでいるのに、なんで五分もかかるんだ」と厳しく教育してきた。その結果、醸成されてきた社風があるのだ。

一つひとつを取り上げれば、それほど大きな問題ではないかもしれない。しかし、数百人の社員を擁《よう》するような会社の場合、一年間のトータルで考えると、この差は計り知れないものになる。

だったら、その社風を変革すればよいのだ。それほどむずかしいことではない。古参社員が上司から呼ばれたときに走って駆けつける様子を見せれば、誰もが自然と真似るようになる。

経営者やリーダーはこのように人を教育し、社風をつくっていくのだ。これこそがリーダーシップである。

あとから来る急行より、先に出る普通電車に飛び乗れ

一歩でも二歩でも先んじて前に進むことは、成功するための必須条件である。以前行った入社試験で、試験会場に早く着いた順に採用するという選考をしたことがあると先に述べたが、まさに「先んずれば人を制す」——その心がけこそが、何よりも大切なのである。

これはもちろんライバルとの競争に勝つという意味を含んでいるが、それだけではない。起こりうるリスクを回避するためにも大切なことなのだ。

よく私は「夜二時間遅く仕事をしている人よりも、朝三十分早く会社に来る人を信用する」という話をする。出社時間ぎりぎりに会社に飛び込んでくるようでは、心に余裕をもつことができない。もし不測の事態があったときに、それでは対応できない

のである。

京都から大阪へ電車で行くことを想定してほしい。すぐにやってくるのは各駅に停まる普通電車だ。その五分後に急行が到着する。途中駅で急行が普通電車を追い抜くので、大阪へはこの急行のほうが早く着く。

さて、あなたはどちらの電車に乗るだろうか。おそらく、ほとんどの人は五分後に到着する急行に乗るだろう。どうせ途中駅で追いつくのだから、当然とも思える。しかし、私はあえて、先に来る普通電車に乗る。そして、途中駅で急行に乗り換えるのだ。

わざわざ乗り換えるのなら、五分待って急行に乗ればいいではないか、と思うだろう。しかし、そうではない。そこに不測の事態に備えるという「リスク回避」の観点が入ってこなければならないのだ。

一寸先は闇だ。どんな突発的な事故が起こるかしれない。乗るはずだった急行が時間どおりに来るとはかぎらない。地震で遅れるかもしれない。定刻どおりに来ても、満員で乗車できないかもしれない。だからこそ、目的地に少しでも近づいておくことが大切なのだ。創業経営者は、たいていこういう発想をするものだ。

以前、経営が傾いてM&Aでわが社の傘下に入った会社の幹部に、次のような話をしたことがある。

――ホテルの客室のドアは、最近ほとんどが自動ロックになっているが、そのメーカーの人に聞いた話によると、自動ロックも人が作ったものだから、何百回、何千回に一度ぐらいの割合でロックがかからないことがあるという。そういう話を聞いて、わずかな確率だから大丈夫だと思って気に留めないような人が一人でもいるなら、この会社は再度倒産するだろう。それならば、これからは必ず気をつけて確認しようと全員が思うなら、必ず再生できるはずだ――

不測の事態に備えること、自分だけは大丈夫だと思わず、つねに「まさか」を想定して手を打っておくこと。そのことの大切さを私はこのような話を引き合いに出して説いたのである。

素早く、粘り強くチャンスをつかみ取る

先に挙げた〝基本精神〟のうち、「必ずやる」というのも大切なことである。先に述べたとおり、創業当時は、いくら営業をしても、仕事を発注してくれる会社はなかった。日本企業は系列や実績を重視するために、できたばかりの零細企業が入り込める隙間がなかったのだ。

それならばと、アメリカに活路を求めた。自由と平等の国である。実力さえあればチャンスを与えてくれるに違いないと踏んだのである。単身でアメリカに渡った私は、ニューヨークの空港に着くと、すぐに電話帳をめくっていくつかの企業に電話をかけ、面談を申し込んだ。

そのなかの会社の一つに、大手化学・電気素材メーカーのスリーエム（3M）社があった。当時、同社が製造していたカセットテープを高速でダビングできるカセットデュプリケータの小型化を模索しているという情報を得て、それに用いる小型モータのサンプルを持参したのだ。

スリーエム社の技術部長は、私が持ってきたサンプルのモータを手にとって、「性能を落とさずに、どこまで小さくできますか」と聞いてきた。私は迷うことなく「三割小さくします」と即答した。

帰国した私は工場に何日も泊まり込んで、スリーエム社の望む製品を生み出すべく、必死の努力を重ねた。はたして半年後、パワー、スピード、回転数、ノイズ、耐久性などあらゆる性能を満たしたまま、サイズを三割小さくしたサンプルを完成させることができたのだ。私はそのサンプルを手に再び渡米した。

スリーエム社の技術部長は、「本当に作ったのか」と目を見開いて驚き、「すばらしい」と絶賛しながら、サンプルをなで回した。そして、その場で千個の注文をくれたのである。

この受注をしたことで、日本電産の評価は急上昇し、ほかの日本の会社からも注文をもらえるようになった。会社の成長につながるよい流れをつかむことができたのだ。相談を受けたとき、「検討します」「一晩考えさせてください」と答えていたら、その後の展開はなかっただろう。問題はできるかどうかではない、目の前にチャンスがきたら、しっかりとつかむこと。そして、約束したからには「必ずやる」ということである。

そして、〝三大精神〟にある「出来るまでやる」についていえば、こんな話がある。会社の主要商品をＦＤＤ（フロッピー・ディスク・ドライブ）モータからＨＤＤ（ハード・ディスク・ドライブ）モータへと大きく転換したときのことである（この詳細については、第４章でも述べる）。

当時、ＨＤＤで業界トップを走っていたアメリカのメーカーから受注をもらうべく奔走したが、すでに競合他社が納入しており、入り込む余地がなかった。私もアメリカに乗り込んで本社を訪問したが、担当者に会うことすらできない日々が続いた。

だが、あきらめなかった。シェアトップをめざすためには、何が何でもトップメーカーを攻略しなければならない。これは私の信念だった。

そこで、このメーカーの東京支店長に何度もアプローチをかけ、「日本電産はどんな要求にもスピーディに対応する」とくり返し強調した。これが功を奏し、ようやくアメリカ本社への営業活動が認められたのだ。

ここからが勝負だ。ただちに本社のあるシリコンバレーのサンタクララに営業担当者を常駐させ、「一日に一回は必ず訪問して、粘り強く交渉を続けよ」と命じたのだ。担当者はサンプルを持参して改善すべき点などを聞き出し、日本に持ち帰っては作り直すという、気が遠くなるような作業を延々とくり返した。

こうしたことが一年近く続き、ついに世界に先駆けてHDD用のスピンドル（精密回転軸）モータの実用化に成功した。それによって、このメーカーの厚い壁を打ち破り、参入することができたのだ。技術スタッフの奮闘と、一年にわたって日参した営業担当者の地道な努力がここに実ったのである。まさに、「出来るまでやる」を実践したわけである。

このメーカーの当時の副社長は、のちにこのときのことを振り返り、「ナガモリの姿勢には、ネバー・ギブ・アップの精神を感じた」と評してくれた。

明るい言葉を使えば、明るい未来が見えてくる

創業してすぐの頃にはこのように、新しい販路を開拓すべく単身アメリカに乗り込んで直談判に及ぶことが幾度もあったが、その訪問先のアメリカで貴重な教訓をもらった、こんな経験がある。

何日も滞在しているとどうしても日本食が恋しくなる。どうしても我慢できず、生貝をたくさん買い込んできて、刺身にして食べたのだが、これがいけなかった。全身

に蕁麻疹《じんましん》が出て救急車で現地の病院に運ばれたのである。

医師から「ハウ・アー・ユー?」(調子はどうですか?)と尋ねられ、蕁麻疹で苦しんでいた私は「ノット・ファイン」(よくない)とあえぎながら答えた。幸いにも治療のおかげですぐに退院できることになったが、そのとき医師から授けられた言葉が忘れられない。

「ミスター・ナガモリ、聞けばあなたは企業の経営者というではないか。あなたとはもう二度と会うことはないだろうから、成功の秘訣《ひけつ》を教えてあげよう。経営者であるあなたが弱気なことをいっていたら会社は危ない。どんなときでも『ファイン!』と答えなさい。そうすれば明るい未来がきっと見えてきますよ」

それからというもの、私はどんなときでも明るく「ファイン!」(調子いいよ)、「エクセレント!」(最高さ)と答えるように心がけている。

世の中、「だめだ。できない」という否定から物事を考える人がどれほど多いことか。とくに、高学歴のエリート、IQ(知能指数)の高い人にその傾向が強い。

「今年、中国でエアコンの売上が落ちているのは冷夏の影響です。やむを得ません」

「円高の影響を受けて輸出部門が大打撃を受けています。いかがしましょうか」

立派な理屈を並べるのは得意だが、当事者として、どのように事態を打開するかの策をもっていない。まるで人ごとなのだ。これでは評論家と同じだ。いくら立派な理屈を並べ立てたところで誰も評価しない。


つねに明るい言葉を使い続ければ、どんな逆境のなかにでも明るい兆しを見つけることができるものだ。私はそのようにして、多少時間がかかることはあっても、必ず目標を達成してきた。不可能になるのは、自分で不可能だと決めつけるからである。

価値のないことは、いっそビリでもかまわない

さて、この章ではこれまで、とにかく一番をめざせ、一番以外はビリと同じだ、という話をしてきたが、最後にときにはビリでもよいのだ、という話もしてみたいと思

う。何もかもが一番である必要はないと私は思っている。必死に努力して一番になる価値のないものには力を抜いて、ビリでもかまわないということだ。

たとえばゴルフである。経営者のなかにも、休日といえばゴルフに興じ、プロ顔負けの腕をもっている人をときおり見かけるが、そういう人で会社を大きく成長させている人には、ついぞお目にかかったことはない。

私自身もサラリーマン時代に勤めていた会社の社長が熱烈なゴルフファンで、毎月のように社内コンペがあった。やむを得ずゴルフ練習場に通ったところ、たちまち上達し、レッスンプロから「素質ありますよ」といわれたこともあった。

しかし、炎天下さんざん紫外線を浴びて、のどが渇くので休憩時にはビールをたっぷり飲む。体によいわけがない。移動はゴルフカートなので運動にもならない。私からしてみたら、いったい何がおもしろいのか、そのエネルギーと時間を仕事に注いだほうがよっぽど楽しいと思ってしまうのだ。

ゴルフは仕事でたまったストレスを解消するためですよ、という人もいる。しかし、仕事でたまったストレスは仕事でしか解消できない。試合に負けたボクサーは、次の試合で勝つことでしか、ストレスを解消できない。仕事も同じだ。

一生懸命仕事をして、仕事で成功を収めれば、ストレスなど一瞬で消えてなくなる。そして、新たな気持ちで次の仕事に向き合うことができるのだ。

だから、仕事のつきあいで、いやいやゴルフコンペに顔を出さなければならないときは、できるかぎり力を抜いてプレーする。その結果、ビリでもまったく気にならない。中途半端な順位よりも、いっそビリのほうがよいぐらいだ。ブービー賞だったら豪華な賞品をもらえるかもしれない。

すべてが一番でなくても、これはビリでいこう、というものがあってもいい。そのぶん自分にとってもっとも価値のあることに精力を注ぐべきなのだ。

私はそのようにして人生を歩んできたという自負がある。経営者として、企業を一番にすること、製品を品質、精度ともに世界一にすること、市場のシェアも人材も、あらゆる面で一番になることをつねに目標に置いて、走り続けてきた。

よく「愛読書は何か」という質問を受けるが、いちばんの愛読書は、これまでに出した自著である。私のこれまでの努力の結晶が、そこには凝縮されているからだ。

著書では、「すぐやる、必ずやる、出来るまでやる」などの三大精神や三大経営手法、さらには人材育成法などがわかりやすく説かれている。ほとんどが創業期に考え出したもので、その内容はいまも日本電産グループの背骨を貫いている。微動だにしていないのだ。

だから私は毎日のようにページを開き、そのたびに「なるほど」「そのとおりだ」と感心し、かつ感動している。困難にぶつかったときにも読み返し、「創業期の苦労を思えば大したことはない」と自らを奮い立たせている。

私は明石家さんまさんが大好きだが、彼は休日になると、録画してたまった自分の番組を見るという。その目的は、自分のしゃべりを第三者の目で見て、笑えるかどうかをチェックすることだ。そうした不断の鍛錬があるからこそ、いつまでもお笑い界のトップを走り続けることができるのだろう。

他者から学ぶことはもちろん大切だ。しかし、これぞと思うものは自らの手で創《つく》り上げたいものだ。それこそが揺るぎのない自信となり、一番になることにつながっていくのである。

第2章

苦労に飛び込め！やがて人生は輝く

大洪水のとき、なぜ「逃げるな」と命じたのか

二〇一一年の夏から秋にかけてタイで大洪水が発生し、現地に展開していた日本企業も甚大な被害を受けた。わが日本電産も、その例外ではなかった。タイ中心部にあった主力工場が、未曾有の被害を受けたのだ。

現地責任者の工場長から連絡があったのは、夜のことである。堤防が決壊し、日系企業が入る工場団地には避難命令が出たという。

しかし、私はあえて「逃げるな」と指示した。「社員の心を一つにまとめ、ただちに復旧にあたれ」と命じたのだ。工場の再開が遅れると、世界中の顧客に迷惑がかかる。現地社員の雇用にも影響が出るからだ。

現地と日本をテレビ電話でつないだ対策会議で、私は「復旧のためなら、あらゆる手段を講じろ！」と檄《げき》を飛ばし、本社もできるかぎりの支援をした。

社員は水浸しになった自宅から工場に出社し、懸命に復旧作業にあたった。工場長は次々と手を打っていった。タイの軍隊と交渉して筏《いかだ》を入手し、さらに遊覧船をチャーターし、潜水士を雇って工場に乗り込んだ。水没した機械を分解して引き揚げ、筏に積み込んで被害の少ない工場に運んだ。炎天下、泥水による異臭が漂う悪環境のなか、全社員が一丸となって復旧のために力を尽くした。

一方、機械を運び込んだ工場では、水に浸かった機械をただちに修理してフル稼働させた。こうした社員総動員の奮闘が功を奏し、その工場の生産量は倍近く伸びた。被災した工場の落ち込みぶんをカバーし、顧客への影響を最小限にとどめることができたのだ。

その後、復興も急ピッチで進み、被害がもっとも大きかった工場が完全に復旧したのは、被災から百十五日後のことだった。被災直後から生産再開に向けて懸命に取り組む姿勢は顧客からも高く評価され、信頼も高まった。その結果、ＨＤＤ用モータのシェアが全世界で八割にまで伸びたのだった。

実は、このとき工場を復旧させようと必死になったのには、一つ大きな理由があった。万一の洪水に備えて加入していた損害補塡《ほてん》保険を、数年前に現地担当者が独自の判断で解約していたことがわかったのだ。数百万円の保険料を節約したために、結果的に百億円単位の損害が補塡できなくなったのだ。

後日、この一連の出来事を比叡山《ひえいざん》の高僧に話したところ、意外な答えが返ってきた。

「その人を責めるのではなく、ほめてあげなさい」という。そして、このように説かれたのだ。

――その人は、少なくともその時点では災害が起きそうもないのに、保険料を支払う価値がないと会社のために判断したのだろう。彼がその保険を解約していたおかげで、一日でも早く工場を稼働させるために、全社員は危険を顧みずに一丸となって奮闘できたではないか。これは得がたい体験である。軍隊の協力まで仰いで復旧に全力を尽くす姿は、現地や業界の語り草にまでなったというではないか。これが、もし保険に入ったままだったら、従業員は安心して、水が引くまでのんびりと待っていたに違いない――

高僧のいうことは、まさに正しい。もし、ほかの企業と同じように水が引くまで社員全員が避難していたら、今日の姿はなかっただろう。長い目でみれば、工場の回復に素早く対応したことで、この大洪水は、計り知れない教訓と〝財産〟を私たちにもたらしてくれたのだ。

困難に見舞われたとき、苦難がやってきたとき。そこから逃げるのか、あるいはそこに飛び込んでいくのかで、その後の展開は大きく変わる。まさにそのことを身をもって体験させられた出来事であった。

苦境のなかでこそ、人も会社も真価が問われる

プロローグでも述べた二〇〇八年のリーマン・ショックもまた、かつて経験したことのない大きな危機だった。日本電産グループも一時的には売上がピーク時の半分以

下になり、なかには五分の一になった会社もあった。当時は、この経済危機が四、五年は続くといわれており、ふだんは強気の私もどん底に突き落とされた。危機感を通り越して、恐怖感に襲われたのだ。

そのなかで生き残るにはどうしたらよいか。何よりもまず資金を調達しなければならない。財務の担当者に聞くと「こんな時期なので、どの銀行にも融資の申し込みが殺到しています」と青い顔をしている。

もちろん、そんな状況のなかで銀行が簡単にお金を貸してくれるわけはない。しかし、そういうときだからこそ、企業の価値が問われると私は思っていた。危機のときにこそ、これまで積み重ねてきた信用と経営姿勢をどれだけ評価してもらえるかが明らかになるのだ、と。

はたして蓋を開けてみたら、銀行はほかの会社からの申し込みを断ってまで、日本電産にお金を貸してくれたのだ。これまでの業績が申しぶんなかったということもあるが、これまでさまざまな困難を乗り越えてきた実績と、今回の危機への対応の早さが評価されたのだ。

先にも述べたとおり、私はこの難局を乗り切るべく、藁《わら》にもすがる思いで文献にあたり、百年前の大不況での事例を参考にして、独自の解決策を編み出すことに全神経を集中させた。すべてのコスト、仕事のやり方・進め方、物事の発想を原点から見直し、一気に構造改革を断行するとともに、苦渋の決断だったが、どの企業よりも早く、賃金カットを実施した。

グループ会社の労働組合にもわが社を取り巻く状況を説明し、同意をもらった。その代わり、リストラはいっさいしない、雇用は守ると約束したのだ。当時はまだ数百億円もの利益を挙げていたときだったので世間を驚かせたが、傷口が広がらないうちに手を打つことができた。

その年の四半期決算、ほかの大手企業が軒並み大幅な赤字に転落していくなか、日本電産だけは、わずかではあったが十億円ほどの黒字に転じることができた。このわずかな黒字が、ちょうど全従業員に協力してもらった賃金カットのぶんと同じ額だったのだ。もし、従業員が応じてくれなかったら、わがグループも赤字に転落していたことだろう。

どこよりも早く賃金カットに踏み切ったのには、赤字に陥るのを防ぐという目的以外にも、もう一つ大切な意図があった。リーマン・ショックは世界の経済ルールを変えるほどの大きなインパクトのある出来事であることを、私は当初から肌で感じていた。その緊張感と危機感を、すべての従業員、社員と共有したかったのだ。そのことが、時代の荒波を乗り切るために、ひじょうに重要だと感じていた。

はたして想定どおり一年ほどで売上が回復し、構造改革の効果もあり、ピーク時と同等の利益を確保することができた。すぐに賃金カットを解除し、これまでの減額ぶんに利子をつけて返すことができたのだ。そして、二年目には最高益を更新したのだった。

人生も仕事も順風のときには、その人がもつ強さ、弱さの差は、見た目ではほとんどわからない。しかし、その人間の真価が見えるのは苦境に陥ったときである。苦しみから逃げ出そうとする者と、踏みとどまって敢然と立ち向かう者との差は歴然である。苦しい問題に正面からぶつかって解決した人には、必ず〝ご褒美《ほうび》〟があるようにできているのが世の中である。その差たるや十倍どころではない。あとになれば百倍以上もの差がつくのだ。

全力で逆風に立ち向かい、それを乗り越えたとき、私たちは大きな力をつけて、輝かしい未来へとさらなる一歩を踏み出すことができるのだ。

悪いことの次は必ずよいことがやってくる

自分の人生は何もよいことがなかった、つらいことばかりだったと嘆く人が世の中には多い。しかし、それは間違っている。人生は、よいことと悪いことが、五十対五十である。どんな人でもきちんと調べたら、必ずそうなっているはずである。

だから、これまでの人生を振り返って、いいことより悪いことのほうが多かったと思うのなら、喜ぶべきだ。なぜなら、これから必ずや、すばらしい人生が待っているからだ。

私の人生もまた、振り返ってみたら苦労ばかりであった。生まれたのは京都の片田舎で、兄三人、姉二人の六人きょうだいの末っ子である。家は農家だったが貧しく、自作地がわずかしかなかったので、小作地を借りて米や野菜を作っては、父親がリヤカーで京都市内に売りに行くという生活だった。その父親も中学二年生のときに亡くなった。

中学時代は三年間首席で通したが、父親が亡くなってからは家計が苦しく、高校進学はあきらめて、家計の手助けをするつもりでいた。しかし、中学の先生が「勉強もできるし、せめて高校は行かせてやってほしい」と熱心に母親や兄に勧めてくれたため、奨学金で高校の電気科に進むことができた。

電気科を選んだのは、父親から幾度となく「これからやるなら、電気屋の仕事がいいぞ」といわれていたからだ。父親も母親も家族を養うだけで忙しく、学校の行事に来たこともなければ、通知表もろくに見ていなかった。中学のとき、私の成績はオール五だったが、両親は十段階の真ん中ぐらいだろうと思っていたようだ。それで「お前は中学を出たら働け。仕事は電気屋がいいぞ」といわれていたのだ。

無事に高校に行けたのはよかったが、無理をいって進学させてもらったので、当時家を切り盛りしていた兄夫婦には頭が上がらない。学費と自分の小遣いはなんとか自分で稼がなければならない。そこで始めたのが、学習塾である。

教室は自宅の六畳間を改造し、机も手作り。教材もガリ版で刷ったので、コストはほとんどかからない。生徒は近所にいる小学生から中学生までである。募集したら八人が集まった。全教科を教えて、進路指導までして、中学生は全員志望校に合格していった。評判が口コミで伝わり、多いときには八十人以上の生徒を抱えることになった。

高校を卒業したときには今度こそ社会に出て働かねばならないと思い、大阪の電子機器メーカーに就職を決めた。しかし今度もまた、担任の教師が「学費が安く、奨学金をもらえば、ほとんどお金のかからない大学がある」というので、職業訓練大学校（現・職業能力開発総合大学校）に入学させてもらった。

つねに貧しさがつきまとう人生であった。貧しい家庭環境を恨んで、幾度となく悔し涙を流した。しかし、恨んだところでどうしようもない。そこから這《は》い上がっていくしかない。そう思い、歯を食いしばって歩んできた。人よりわずかなりとも強さを身につけたとすれば、それは人一倍困難に向き合ってきたからにほかならない。

荒海に漕ぎ出していくような会社の設立

社会に出たときから、私は三十五歳になったら独立して社長になろうと心に決めていた。しかし、だいぶ予定よりも早かったが、六年間の会社員生活を経て、二十八歳で起業することとなった。

若さもあって私は自信満々だった。当時の勤め先の社長からも慰留を受けたが、聞く耳をもたなかった。妻も母親も、さらにはおばやおじまで出てきていっせいに反対を唱えたが、自分が会社をつくれば必ず成功すると信じていたので、決心は揺るがなかった。

独立する前、勤めていた会社で部下たちに内密に打ち明けると、「私は必ず永守さんについていきます」「一緒に行かせてください」という声ばかりであった。だから、会社を立ち上げれば三十人ぐらいの選りすぐりの人間がついてきてくれるに違いないと信じ込んでいた。

ところが蓋を開けてみれば、一緒にやっていこうといってくれたのは、たった三人しかいなかった。この段になって初めて私は、現実の厳しさを思い知ったのだった。

大きな希望と志を掲げ、強気を押し通していたが、その重圧に耐えきれずに全身には蕁麻疹《じんましん》ができて、かゆくて夜も眠れなかった。耐えきれず神経科に飛び込んでみたところ、ここでも「会社なんか始めるものではない、だからこんな症状が出るのだ」と諭される始末。まさに四面楚歌《そか》の状態だった。

そのなかで、二人だけ賛成してくれる人間がいたことを、いまでも忘れることはできない。一人は、会社設立にあたって機械を買おうとしていた業者であり、もう一人は、借りようとしていた家の家主であった。たった二人だったが、「まだ若いのだから、挑戦してみればいい」と背中を押してくれ、その言葉は実に心強かった。

そのようにして、まるで荒海に船を漕ぎ出すように、日本電産を旗揚げしたのである。実績もない、信用もない、まわりは反対する者だらけで、実に心細いかぎりだった。しかし私の心のなかといえば、自信が渦巻いていた。それまでに培ってきた自分の技術をもってすれば、世界に認められると信じていたのだ。若さゆえの情熱と夢、体の内側から湧き上がる冒険心に酔いしれていた。

このときに決めた社是は一字一句変わらないまま、いまも引き継がれている。また、「同族経営はしない」「大企業の下請けにはならない」「世界に通用する商品作りをめざす」という三つの〝原則〟も掲げ、日本電産のブランド名である「ニデック（Nidec）」と、そのロゴマークも決めた。いずれもそのときから半世紀にわたり、寸分たがわず貫き通しているものばかりである。

自宅の六畳間で高らかに創業を宣言したのはいいが、ものを作ろうにも工場すらない。新聞に「工場求む」という三行広告を出したところ、二階建ての一階部分を貸してくれるという染物屋さんからの申し出があった。三十坪ほどのスペースに中古で買った旋盤と研磨機だけを置いて、事業をスタートさせたのだ。

営業に出かけても、売るべき製品がまだ何もない。あるのは会社の概要を記したパンフレットだけで、昼はそれを携えて靴をすり減らしながら、企業を必死でまわる。会社に戻って夜になると、遅くまで試作品の開発・製造に取り組む。そんな日が続いた。

そのようにまるで亀の歩みであり、苦労も多かったが、志をともにする仲間と一丸となってがんばっていくうちに、少しずつだが会社は大きくなっていく。やがて新工場もできて、従業員も徐々に増えていく。海外にも進出していく。そのように一歩ずつ夢が実現していく喜びは、何にも代えがたいものがあった。

まさに「先憂後楽」の言葉どおり、先に大きな苦労を体験させられたからこそ、本当の喜びを知ることができたのである。

反骨の心に火をつけてくれた〝恩人〟たち

逆境に負けず、困難にめげず、自分の志を貫き通すためには「執念」が必要である。意地、負けん気、闘争心、反発心……などといい換えてもよい。どんな苦難に見舞われても「負けない」と思う強い気持ち、「なにくそ」とどこまでも食らいつく気概のことである。

自分の人生を振り返ると、闘争心を沸き上がらせ、反骨精神の太い根っこを植えつけてくれた人たちがいる。いずれも、その場では憎しみと反発の対象であった人ばかりだが、あとから思えば、その人たちがいてくれたおかげで、私は自分を奮い立たせ、経営者としての第一歩を踏み出すことができたのだ。そういう意味では、彼らは人生の〝大恩人〟たちである。

たとえば、一人は先にも述べた小学校のときの担任の教師である。とにかくえこひいきをする先生だった。授業中に私が手を挙げてもいつも無視し、テストで満点をとっても、通知表にはけっしていい成績をつけてくれなかった。昼になると、質素な私の弁当をのぞいて、「こんなものを食べているぞ」とみんなの前で恥をかかせた。

こんなこともあった。友人と学校から帰宅している途中、後ろから自転車でその先生が追いついてきた。その友人は、両親とも学校の先生という家の子どもだった。先生は「後ろに乗れ」と、友人を自分の自転車に乗せて行ってしまう。私のほうには言葉をかけるどころか顔すらも見ないのだ。

中学に入ってから、オール五の成績をとったときのことだ。中学校の先生にいわれて、成績表を小学校のときの担任の先生に見せることになった。この成績なら、文句はいわれまいと自信満々で担任の家を訪ねた。そのときにいわれた先生の言葉はいまも忘れない。「百姓の息子がそんなに勉強して役に立つのか」とボソッとつぶやいたのだ。

全身の血が沸きたち、頭に上った。「いまに見てろよ。必ず偉くなって見返してやる」と固く心に誓った。それからはこの教師の写真を壁に貼って、死に物狂いの努力を重ねた。何にも負けまいとする〝闘争心〟を植えつけてくれたのが、この小学校の先生だった。

もう一人の〝恩人〟は、職業訓練大学校時代の恩師である工学博士の見城尚志《たかし》先生である。見城先生は音響機器メーカーで精密小型モータの研究をしており、大学には講師として着任していたのだ。

私より四つ年上の見城先生は、とにかく頭の回転が抜群に速く、自信にあふれていた。モータに関する膨大な知識をもち、意欲的に研究に取り組む姿勢には、頭が下がった。

そういう見城先生も、私のことを「バイタリティに富み、何でも一番でなければ気がすまない猛勉強家」と評価してくれていたようだ。年齢もあまり変わらないうえ、お互いが自信家とあれば、プライドをかけた真剣勝負がくり広げられたのも、当然といえば当然だ。

ある日、研究室に呼ばれて課題を渡された。

「君はいつも偉そうな口を叩《たた》いているようだが、このドイツ語の本を明日の朝までに訳してきなさい」

無茶な話だったが、私の闘争心も半端ではない。死に物狂いで訳して、翌朝には持っていく。「ほう」と先生は感心するが、私に対する難題はどんどんエスカレートしていく。それでも私は必死になって食い下がった。

卒業論文の執筆のときは、「物事に、これでいいという妥協があってはならない。たとえ学生でも、学会で発表できるような論文を書け!」と発破をかけられた。

私は何日も徹夜して必死になって論文を書き上げた。ところが見城先生は、学友の目の前で「なんだ、この内容は!」といって、破り捨てる。「なにくそ!」と、私も歯を食いしばって食らいついていった。何度も書き直して論文を仕上げたのだった。

そんなことのくり返しだったが、そのたびに私はますます精密小型モータの魅力に取り憑《つ》かれていった。いつしか見城先生は、私にとってかけがえのない存在になっていったのだ。

大学卒業後、私は見城先生の推薦によって、先生が勤めていた音響機器メーカーに就職することになるのだが、その後も、このような緊張感をともなった師弟関係は続いた。

双方、自信家でお互いに譲ることがないので、会えば必ず論争になる。しかし心のなかでは、私がここまでくることができたのは見城先生のおかげだと感謝しているのだ。先生もおそらく同様の思いをもっているに違いない。先生には大学校を定年退職後、当社の研究所の所長、そして特別技術顧問として、大いに力を発揮していただいている。

闘争心を糧にして努力する者が成長する

その後、経営が軌道に乗り出してからも、闘争心に火をつけられる場面には何度も出くわした。そしてそのたびに見返してやろうといっそうの努力をするというくり返しだった。

たとえば、ある大手電機メーカーである。創業当時、そのメーカーに製品のサンプルを納めたところ、その製品をそっくり真似されてしまった。そのうえ、逆に「日本電産が真似をした」といううわさまで流されたのだ。

「零細企業だからといって、ばかにしやがって」と悔しい思いを募らせたものだ。しかし、それが「いまに見返してやる」という発奮材料になったのだ。

また、こんなこともあった。創業当時、お金を貸してほしいと銀行を訪ねたところ、支店長は、「お貸ししたいのはやまやまなのですが、本店がどうしてもウンといわないんです」という。だから、貸せないというのだ。要は方便を使って体よく断っているのだ。

しかし、そんな社会通念にうとかった私は、本店に乗り込んでいった。担当者の席まで行って、「支店長は融資したいといっているのに、本店が反対していると聞いている、なぜですか」とやる。当然ながら、相手は「そんな話は聞いていません」という。

再び支店長のもとを訪れて「話が違うじゃありませんか」と問いただすと、「本当に本店に行ったのですか」といって目を白黒させている。そんなことは日常茶飯事だった。

とくに経営の現場では、銀行をはじめとする金融機関に不愉快な思いをさせられることも多かった。たとえば、グループの傘下に買収した企業の話だ。経理担当者に聞くと、経営が行き詰まった末期には、十八もの金融機関から融資を受けていたというのだが、「いっさい人間としての扱いをしてもらえませんでした」と泣きながら訴えるのだ。

こちらも同情し、「わかった。どの銀行に腹が立っているのか、順番をつけて紙で出してくれ。その順に借金を叩き返して回ろう」ともちかけた。

後日、その紙を受け取ったところ、全部が「一番」になっていた。それを見て、担当者の悔しさが痛いほど伝わってきた。すぐに、すべての金融機関に借金全額を返済したことはいうまでもない。

また、これも銀行の管理下に入った大手電機メーカーの社長を訪ねたときの話だが、応接室のソファに穴が開いている。驚いていると、社長が「この修理にも銀行の印鑑が要るのです」とばつが悪そうにいっていたのが忘れられない。

私が経営をするうえで絶対に赤字を出してはいけないと訴える理由の一つはここにある。赤字が続くと、銀行が入ってくる。銀行が入るようになったら、企業は終わりである。

苦境のなか手を差し伸べてくれた経営の恩師

しかし、どんな厳しい状況のなかでも、がんばっていれば、必ずその姿を見てくれている人がいる。力を貸してくれる人も出てくるものだ。私にとってそうした心強い味方になってくださった恩人の一人であり、京都を創業の地とした大先輩として、言葉に尽くせないほどお世話になったのが、オムロン創業者の立石一真さんだった。

アメリカに何度も通ってスリーエム社から大量の発注をもらうことができた経緯はすでに述べた。それだけの注文が入ったのに、民家の一階部分だけの工場ではとてもまかないきれない。新工場建設の必要性を感じていたが、銀行を駆けずり回ってもお金を貸してもらえる見込みはなかった。

ちょうどその頃、京都の財界や金融機関が中心となって出資してつくった、日本初のベンチャーキャピタルが誕生したことを知った。渡りに船とばかりに、すぐに融資を申し込んでみることにした。

わが社の取り組みと成果、将来性について、一時間あまり担当者に熱く語って申し込みをしたのだが、「あなたの会社はあまりにも規模が小さく、歴史もない。審査には回しますが、あまり期待しないように」というつれない返事である。

ところが、数日後に連絡が入った。なんと、ベンチャーキャピタルのトップが直々に工場を視察したいというのだ。

喜ぶべきことだが、私は内心ビクビクしていた。ちっぽけな工場に驚いて、融資の話が立ち消えになってしまうのを恐れたのだ。この頃は、交渉が順調にいっている会社の担当者を工場に案内したとたん、商談をうち切られたり、音信不通になったりすることが続いていた。

何しろ、三十坪ばかりの民家の一階部分だけの工場、設備も古ぼけた中古品ばかりである。不安にかられてもおかしくはない。ベンチャーキャピタルのトップをお迎えして、またがっかりされるのではないかと危惧していたのだ。

しかし、それは杞憂《きゆう》だった。ひと通り見学を終えたその方はこういって激励してくれたのだ。

「創業一年でここまできたのですか。立派なものですよ。私が創業した頃の工場はもっとみすぼらしいものでしたから」

そういってにっこり笑ったその方こそ、立石一真さんであった。これがきっかけとなって、以来立石さんからは、折に触れて薫陶を受けるようになったのだ。

その後、そのベンチャーキャピタルから融資が決まり、京都新聞にそのことが大きく取り上げられた。これをきっかけに、金融機関の間で一気に日本電産の名が知られることになったのだ。

気概と執念で困難を突き破ることを教わった

あるとき、こんなことがあった。立石さんから「一緒に食事でもしよう」と誘われたので、約束の午前十時に会社を訪ねた。案内された社長室の応接は、ドア一つはさんで立石さんの執務室に接している。中からは、何やら激しい会話の応酬が聞こえてくる。ちょうどそのとき、鉄道の自動改札機の開発をめぐって、立石さんは幹部らと大激論を交わしていたのだ。

幹部たちは、「うちの技術力では無理です」といって、立石さんになんとか中止をうながそうとしている。それに対して立石さんは、「こんなことであきらめるのか！」と一歩も引かない。机をドンドン叩いたり、椅子を蹴って、激しく怒鳴っている。その様子は隣の応接室にも筒抜けだった。

途中で立石さんは応接室に顔を出し、「ちょっと取り込んでいて申し訳ない。すぐ終わるから」といって、特上のうなぎの出前を頼んでくれた。しばらくして、うなぎが来たが、手をつけるわけにもいかない。その間にも「できません」「やればできる」と激しいやりとりが交わされている。

入れ替わり立ち替わりやってくる幹部たちに対して、立石さんはまるで壊れたレコードプレーヤーのように、延々と同じ主張をくり返している。そして、「わが社の力があれば絶対にできるんだ」と大声を張り上げているのだ。

けっきょく幹部らが渋々納得して引き下がったのは、午後三時を回っていた。延々と五時間以上もやり合っていたのだ。その間、私は隣の部屋でその様子をじっと聞いていた。ようやく応接室のソファに腰を下ろし、冷えたうなぎを一緒に食べながら立石さんはこんなことを語った。

——難問にぶつかったとき、初めから「それはできない」と否定から入ってはいけない。とかく頭のいい人間にかぎって、できない理由をとうとうと並べ立てる。できる力をもっていながら、すぐ「限界です」とあきらめる。そんなことを許していたら会社はつぶれる。できることもできなくなってしまう。大切なのは気概と執念だ。部下が疲れきって「わかりました。もう一度トライします」と根負けして折れるまで、いい続けなければダメなのだ——

立石さんの話をじっと聞きながら、私はいままさに経営の真髄について教えを受けているのだということを全身で感じていた。経営者として、未来を切り開いていく気概と執念を叩き込まれていたのだった。

立石さんの言葉どおり、オムロンはその後、みごとに自動改札機の開発に成功した。いまや全国の駅に取り入れられているのは、ご存じのとおりだ。


そんなふうに、立石さんのそばにいたことで、経営者としてもつべき姿勢をじかに見せていただいた。一方で、仕事で行き詰まったときなど、「どうしたらいいでしょうか」と相談に行っても、立石さんはおいそれと答えは教えてくれない。

「私も創業期に同じような問題にぶつかったが、必死に考えて乗り切った。いまここで答えを教えるのは簡単だが、そうしたらあなたは経営者として成長できませんよ」

自分の頭で考えろ、というわけだ。

相談には乗ってもらえなかったが、かえってそのことで発奮した。なんとか難題を解決して、後日、再び立石さんを訪ねた。

私の報告をうなずきながら聞いていた立石さんは「そうだ。私も同じような方法で乗り切った。よく考えついたな。大したものだ」とほめてくれた。大先輩に認められたことで大いに自信をつけたものだ。

いま相談を受ける立場になって、あのとき、立石さんが伝えようとしたことがよくわかる。問題が発生すると、ほとんどの人が「どうしたらいいでしょうか」と血相を変えて駆け込んでくるが、何の策ももっていないことが多い。

A案からC案を抱えて「いかがしましょうか」と相談に来るのならまだいい。A案からD案まで考え、「A、B案の二つに絞りました。六分四分でA案でいきたいと思うのですが、いかがでしょうか」という相談なら、なおよい。ところがほとんどの人が、まるで人まかせである。

まずは他人の力を借りずに自分の頭で考え抜いて、解決策を探る。そして、それを実行して結果を積み重ねる。ときには失敗することもあるだろうが、その経験が次の壁にぶつかったときの力になるのだ。

料理人の修業に学ぶ「下積み」の大切さ

会社を創業して大きく発展させる経営者は、現場で苦労を重ねてきた人が多い。現場を知り尽くしているからこそ、そこで培った知恵が経営に活かされているのだ。けっきょくのところ、現場で身をもって体験したことでなければ、実践で活かすことはできないし、知恵として蓄積されることもない。

現場で経験を積むなかで、自分の頭で考えて、答えを見つけていくというのは、かつての日本でさまざまな分野にみられた「徒弟制度」のなかで行われてきたことである。

たとえば、料理の世界である。地方でそこそこ名の通った日本料理店の場合、跡継ぎを本場である京都の料亭に修業に出すことが多い。和の料理の極意を身につけるには、それしかない。その下積み修業の話だ。

もちろんすぐに料理なんてさせてもらえない。板場（調理場）にも立てない。下足番から修業が始まるのだ。京都の冬は凍えるように冷える。比叡《ひえ》おろしが吹きすさぶなか、玄関先でお客さんを出迎える。一流の料亭では下足札など渡さない。どのお客さんがどの靴を履いてきたかをすべて覚えなければならない。そして、食事が終わって帰るときに、さっとそろえる。

そして、ここからが肝心だ。靴を履きながら、お客さん同士がこの日の料理の寸評を交わすのがつねである。

「三皿目に出た鯛のあら炊きは絶品でしたな」

「てっさも透き通るようで味も見栄えもよかった」

「ところで汁物はどうでした？」

「いつもより濃い味だったので残してしまいました」

このような会話に聞き耳を立てて覚えておくのが、下足番の役目だ。

調理も一段落して、のれんを下ろす頃になると料理長が玄関に顔を出して、「どうだった？」と尋ねてくる。そこで先ほど聞いたお客さんの料理の感想を事細かく伝える。そこまでが仕事なのだ。
一、二年たつと、やっと皿洗いをさせてもらえるようになる。ここでも、この日の料理についてのお客さんの評価がてきめんに表れる。「比叡の間」のお客さんは三皿目と五皿目は完食だったが、二皿目はほとんど手をつけていない――。これも料理長に細かく伝える。さらに、次は皿並べ、配膳役と修業は延々と続く。
五、六年たった頃に「汁でもやるか」と料理長にいわれ、ようやく料理の修業に入っていく。このような下積みを経て、一流の料理人に育っていくのだ。
だから、一流の料理人は記憶力が抜群にいい。誰にどのような料理を出したかをすべて覚えている。同じ料理を出さないように心がけているのだ。

下積み時代の苦労はけっしてムダではない。すべて将来に生きてくる。しかし残念ながら、このことを理解している若者は少ない。

たとえば、大学院で機械工学を修了した新入社員に「初めは工場に配属されて、ものづくりの最前線を経験するのもいいぞ」と勧めたとしよう。すると、「現場で働くために大学院で学んだのではありません」と拒絶反応を示す者が必ずいる。

自分で引いた図面がどのようにして製品になっていくのかを体で覚えることの大切さ、そして第一線の現場で働く人と苦労をともにすることが、将来どれだけ役に立つのかを、理解できないのだろう。

ぎりぎりまで重ねた努力が運を呼び寄せる

「運が七割」と、私は口ぐせのようにいう。あみだくじに一本線が加わるだけでまったく違う結果になるように、どれだけ人事を尽くしても、まさに一寸先は闇。結果はわからないものである。

しかし、運をつかむために徹底的に人事を尽くさなければならないことも、また事実である。運を呼び寄せるのは、あくまで努力の積み重ねだということを忘れてはならない。たんに努力する程度ではまだまだで、これ以上することはない、できることは何もない、という極限まで努力して、初めて運が近づいてくるのだ。

創業から数年を経て、当社が企業としての基盤を固めつつあった頃のことだ。コンピューターの磁気ディスク記憶装置「ハード・ディスク・ドライブ」（ＨＤＤ）を動かすモータの開発に社運を賭けていた。

ベルトで回転させる従来のベルトドライブ方式はスペース効率が悪いうえ、発熱も大きいなどの欠点があった。当社がめざしたのは、モータでハード・ディスクを直接回転させるダイレクトドライブ方式と呼ばれるものだった。

これなら従来型よりはるかに小型になる。ただし、技術的には難易度が桁違いに高かった。それでも、開発スタッフの夜を徹した奮闘により、なんとか半年後にサンプルの完成にこぎつけ、日立製作所からの受注に成功した。

ところが、そこで問題が起きた。生産された製品に占める不良品率が高かったのだ。スタッフが必死になって改善に取り組むのだが、一向に好転の兆しが見えない。ついにしびれを切らした日立側が工場に視察に入る事態となった。

日本を代表する大手メーカーから見れば、当社の設備は見劣りしていたはずだ。現場を見た日立幹部の反応は芳しくなかった。この状況では、取引中止もあり得る。万事休すか——そう思ったときに、日立側の部長がスッと当社の社員に歩み寄って、ていねいに挨拶した。

「お久しぶりです。あのときはたいへんお世話になりました」

なんと、その部長が学生時代に別の会社で手ほどきを受けた人物が、当社に再就職し、まさにその場にいたのだ。


状況は一転した。日立の部長はかつて熱心に教えてもらった恩返しにと、今度は当社の社員が日立製作所の工場で技術習得の特訓を受けることになったのだ。きわめて異例の対応であり、まさに幸運としかいいようがない。

部長が受けた研修がありきたりのものだったら、記憶にも残っていなかっただろう。力を貸す気にもならなかったはずだ。当時の講師が情熱をもって取り組んだからこそ、苦しいときに手を貸してくれたのだ。

こうして当社はHDD用モータのノウハウを確立し、その後の飛躍につながったのである。運が七割だが、その運をもたらすのは懸命な努力なのである。


その後、パソコン市場の好調を受けて、HDD用モータの売上は順調に伸びていった。それに伴い、さらなる高精度化や高速化が求められてきた。軸受けに使っているボールベアリングでは、いずれ精度に限界がくる。そこで、私は大きな決断をした。新たな軸受けとして、流体動圧軸受（FDB：fluid dynamic bearing）の開発をスタートさせたのだ。

FDBは、軸と軸受けの隙間に潤滑油が満たされているのが特徴だ。軸が回転することによって、粘性のある潤滑油（流体）がスパイラル状の浅い溝（ヘリングボーン）の流路に引き込まれ、隙間内の圧力が高まり、軸（シャフト）が軸受けから浮上する。そのためボールベアリングと異なり、摩擦がなく低騒音であり、小型化にも適していた。

しかし、まだ当時の市場はボールベアリングが全盛で、開発されたばかりのFDBを採用するメーカーは少なかった。そんななか、当社ではFDBモータの実用化が次世代のHDDに必要不可欠との考えに立ち、研究開発を急いだ。

この時代の先読みが、功を奏した。一九九〇年代後半から取り組んできたFDBモータが、二〇〇〇年代に入って、いよいよ本格的な普及期を迎えたのだ。ただ、FDBモータに先鞭《せんべん》をつけていた会社はすでにあり、他社との熾烈《しれつ》な競争が展開されることが予想された。

しかし、ここでもまた一つの幸運がもたらされた。FDBモータ開発で先頭を走っていた大手メーカーが巨額の赤字を抱えて経営危機に陥ったのだ。このメーカーの技術力を高く評価していた私はさっそく同社を子会社化し、全従業員を一人も解雇することなく引き受けた。

その会社は、特許も多数もっているメーカーだったので、もし経営が順調でライバルであり続けたら、当社は開発競争に負けていたに違いない。逆に買収したことで、当社は一気に成長したのだ。これもまた、ＦＤＢモータに注いだひたむきな努力が運を呼び寄せたのだった。

神前への〝誓い〟が新たな力を呼び起こす

運といえば、いまでも深く印象に刻まれている話がある。創業して七年目の年末のことである。取引先が倒産して手形が不渡りになり、在庫などを含めて当時の月次売上の三倍に匹敵する巨額の焦げつきが発生したことがあった。それまでも数々の苦難を乗り越えてきたが、「今度ばかりは会社を畳むしかない」と頭を抱えた。

ちょうどそんな折、ある人の紹介で比叡山のふもと、京都市左京区の八瀬《やせ》にある九《く》頭竜《ずりゅう》大社の教祖さんにお告げを聞くことになった。

「あなたの運命は次の節分のときに変わる。それまでなんとかもちこたえなさい」

――何ら解決策が見えなかった私はこのお告げに従い、必死になって金策に奔走し、なんとか急場をしのいでもちこたえた。

そして迎えた節分の日。まさにお告げでいわれた、その日のことである。真夜中にアメリカから一本の電話がかかってきた。なんと、アメリカのＩＢＭ社からフロッピー・ディスク用モータの注文が舞い込んだのだ。それも年間の売上高に相当する大量注文だった。これによってまさに絶体絶命のピンチから抜け出し、その後の事業拡大のきっかけをつかむことができたのだ。まさに崖っぷちからの生還であった。

いま振り返っても不思議な話だが、この出来事もまた、「運とは努力がもたらすものだ」ということを物語っている。首の皮一枚で会社がもちこたえたのも、「節分まではがんばろう」と歯を食いしばってふんばったからである。

たしかに、米ＩＢＭ社からの大量受注は幸運がもたらした出来事だ。しかし、その前提にはすさまじいまでの努力があったことを忘れてはならない。現地駐在員がサンプルを手に会社に日参し、改善点があればすぐに作り直す。気が遠くなるような地道な営業の積み重ねがあったからこそ、大量受注に結びついたのだ。

運を呼び寄せられるのは、血のにじむような努力を絶えず続けてきた者だけである。

人はときに人を裏切ることがあるが、努力はけっして裏切らない。これ以上はできないというところまで努力を重ねて、初めて運が近づいてくるのだ。

この九頭竜大社をめぐっては、もう一つ不思議な出来事があった。京都府亀岡市に新工場を建設する計画を立てていたときのことである。専門業者に工場用水の井戸を掘削してもらったが、まったく水が出ない。二カ所掘ったが水が出る気配すらない。費用だけがどんどん膨らんでいく。

困り果てた挙げ句、またもや九頭竜大社にお告げを聞いた。すると、教祖さんが工場敷地の図面に赤鉛筆で一点の印をつけるのだ。「そんな場所から水が出るわけない」。そういって渋る業者を説得して掘ってみたところ、なんとお告げのとおり、水が勢いよく吹き出したのだ。

そんなことがあり、この世には目に見えない力が働くこともあるのだと、信じるようになった。以来、月に一度の早朝参拝を欠かしたことはない。ただし、神頼みはしない。神前に立って、そのときどきの決意を述べるだけである。

そして、そのあとおみくじを引くのが習慣になっている。このおみくじが、ずばり心境をいい当てるのだ。業績が好調で有頂天になっているときは、「おごるなかれ」と厳しい戒めが書かれている。何か問題を抱えていたり逆境にあるときは、「もう少しの辛抱だ」と励ましてくれる。だから、おみくじを引くときがいちばん緊張する。

月に一度の早朝参拝は、神前で自らを律し、戒めるとともに、さらに努力を重ねることを神前に誓う、大事な時間になっている。

足下を悲観していれば、将来は明るい

創業以来、私はずっと「足下悲観、将来楽観」といい続けてきた。いま調子がいいから、「このままでいこう」と思っていたら、将来はけっして明るくない。市場はさらによいものを求め、それに応じて技術はどんどん進化する。気づいたときには出遅れている。足下を楽観していると、将来は危うくなる。

一方で「このままではいけない」とつねに足下を悲観し、いち早く準備をしておけば、変化した市場に一番乗りできる。いまを悲観しているかぎり、将来は明るいのだ。

「足下悲観、将来楽観」という考え方は、母から教わったことでもある。私が子どもの頃、母親は私の手のひらを見て、「お前の手相はとても珍しい。めったにない手相だ。将来はきっといいことがあるに違いない」とよくいったものだ。

実際、私の手相は生命線がまっすぐに伸びている珍しいものだ。「大隈重信がそうだったらしい」ということで、私の名前はここからきている。

しかし、母にそういわれても足下の現実をみると家は貧しく、兄たちは中学を出ると働いており、上の学校に進学するのも経済的に厳しいほどの家庭環境だった。「明るい未来が待っている」とは合点がいかない。

すると、母親は「松下幸之助をみなさい。満足に学校も出ていないが、いまや大きな会社の社長さんだ。本田宗一郎もそうだ。貧しさに負けずに努力して、立派になっているではないか」と諭すようにいう。

いまは苦しくとも、そこから逃げずに立ち向かっていけば、必ず幸せになれる。楽しい世界が待っている――母はそういって私を励ましてくれたのだ。足下の暗い話よりも将来の明るい夢を語るのがつねだった。

いつしか「足下悲観、将来楽観」は私の信念になっていった。イヤなことが一回起きれば、いいことが二回返ってくる。困難が大きければ大きいほど、その先には大きな喜びが待っていると信じるようになった。

そして、いまわが人生を振り返ると、まさにそのようになっている。苦境にはまったとき、そこから逃げようとする者と、その場に踏みとどまって立ち向かう者では、あとになって百倍以上の差がつくことを私の経験が語っている。

当社でも転職で入社してきて、しばらくはがんばっているが、二、三年たって、ちょっとした問題にぶつかると、すぐに辞めてしまう人を見かける。磨けば光る能力がある人も多いのに、もったいない話だ。失敗を恐れて、目の前の困難から逃げ出してはならない。それでは、いつまでたっても人生の成功を手にすることはできない。

苦しみに飛び込んでこそ、生きる喜びを味わえる

創業して八年がたった頃、私は一度だけ、本気で死を意識したことがある。不渡り手形をつかんで経営が行き詰まってしまい、生命保険を担保にして、身投げをしようと思ったのだ。候補に選んだ場所は桂川の上流、美しい渓谷が連なる保津峡《ほづきょう》である。わざわざ下見に行き、身投げをするならあそこがよいと、川に張り出した大きな岩に決めた。

しかしその岩を眺めているうちに、心が揺らぎ始めた。川は勢いよく白いしぶきを上げている。岩はかなり高い場所で、登るのすらも難儀しそうである。こんな高い岩から飛び込むのはさすがにしんどいな、という気持ちになってきた。それならば、ともう一度、死ぬ気でがんばってみようと気持ちを立て直したのである。

それ以降しばらくは、苦しいことがあると、何度も川のほとりにあるその岩のところまで行き、じっと岩を眺めるということを続けてきた。

いまは、何かむずかしいことにぶち当たると私は本社一階のロビーに降りていく。吹き抜けのスペースに数々の製品が説明のパネルとともに展示されているなか、まわりの風景にまるでそぐわない、古ぼけたプレハブ小屋が置かれている。創業当時に事務所兼作業場にしていた、なつかしいプレハブ小屋である。

その中にたたずんでいると、夢と情熱以外何ももっていなかった創業期の頃にしばし戻ることができる。すると、「まだまだいける」「必ずうまくいく」という勇気と力が湧いてくるのだ。

人生に苦しみはつきものである。しかし、苦しみから逃げてしまうか、あるいはそこに飛び込んでいくかで、その後の人生はまったく違ってくる。困難や苦労が大きければ大きいほど、そのあとにやってくる喜びや楽しみもそのぶん大きくなるのだ。だからこそ、困難がきたら逃げずに飛び込んでみること。そして、そこから生きた教訓を得ることだ。

人生というものは、最後に「よかったな」と思えるかどうかで値打ちが決まると思っている。人生の半ばでは、まだ答えは出ていないのだ。たとえいま苦しい思いをしていたとしても、踏みとどまってがんばっていけば、必ず成功への灯りが見えてくるものだ。

朝がこない夜はない。同じように、出口のないトンネルもない。暗く、長いトンネルも出口に向かって懸命に歩き続けると、はるか先に一筋の光明が見えてくる。その光を道標に、一歩一歩前に進めば、必ず出口にたどりつくのだ。

第3章

機微をつかめ!
人の心は
こう動く

母が教えてくれた、心の〝機微〟をつかむこと

子どもの頃、決まって毎月二十一日になると、私は母に手を引かれて京都の東寺に出かけたものだ。弘法大師の命日であるこの日には「弘法さん」という縁日が開かれ、境内いっぱいに露店が立ち並び、たくさんの人でにぎわう。なかでも私の一番のお目当ては、綿菓子だった。

当時の私にとって、綿菓子は縁日やお祭りでしか手に入らない珍しいごちそうだった。綿菓子の露店の前を通り過ぎるたびに「ほしい」とねだるのだが、母はいつも「ぜいたくだ」といって買ってくれない。

そのようなことが何回か続いて、私は覚悟を決めた。母親がお参りで手を合わせる隙を狙って、綿菓子を盗んでこようと心に決めたのだ。母の後ろを歩きながら、どのタイミングで走っていこうかとドキドキしている。

ところが、そんな私の思いを母親はお見通しなのだろう。そういうときにかぎって

露店の前で立ち止まり、綿菓子を買ってくれるのだ。「おいしいかい？」「うまい！」

——私は上機嫌である。

母は厳しい人であったが、心の機微を汲《く》み取ることに長《た》けていた。子どもである私の様子をじっと見ていて、ここぞというときに買ってくれる。いつも買ってくれないぶん、その喜びは十倍にも二十倍にもなる。

これは子どもの教育の話だが、会社や職場でも同じことである。部下の心の動きをこれくらい細やかにつかんでいる上司がいれば、部下は楽に働けるだろうし、のびのびと力を発揮できるだろう。


人の心というものは、なかなか理屈では割り切れない、実にむずかしいものだ。理屈や正論だけで無理に人を動かそうとすると、かえって反発をくらう。したがって、ほめ方、叱り方、注意の仕方、どんな場面であっても、心の機微をつかむことが必要になってくるのだ。これがうまくいかないと効果は望めないし、ときに逆効果になることさえある。

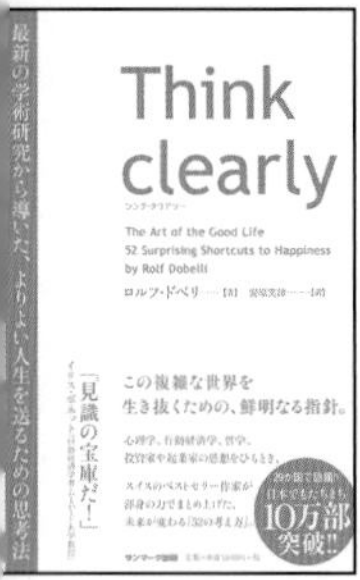

Think clearly
最新の学術研究から導いた、よりよい人生を送るための思考法

ロルフ・ドベリ 著／安原実津 訳

世界29か国で話題の大ベストセラー！
世界のトップたちが選んだ最終結論—。
自分を守り、生き抜くためのメンタル技術！

定価＝1980円（10%税込） 978-4-7631-3724-1

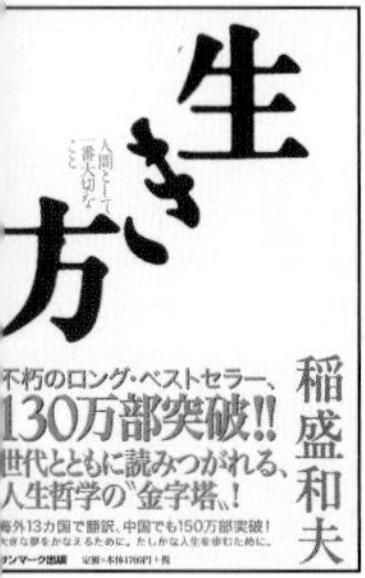

生き方

稲盛和夫 著

大きな夢をかなえ、たしかな人生を歩むために一番大切なのは、人間として正しい生き方をすること。二つの世界的大企業・京セラとKDDIを創業した当代随一の経営者がすべての人に贈る、渾身の人生哲学！

定価＝1870円（10%税込） 978-4-7631-9543-2

スタンフォード式　最高の睡眠

西野精治 著

睡眠研究の世界最高峰、「スタンフォード大学」教授が伝授。
疲れがウソのようにとれるすごい眠り方！

定価＝1650円（10%税込） 978-4-7631-3601-5

子書店ですぐにご購読できます！

onto、BOOK ☆ WALKER、COCORO BOOKS ほか

心の機微をつかむとはいったいどういうことか——厳しさとやさしさという相反する二つの性質を、時と場合に応じてバランスよく発揮していくということだ。叱るべき場面では徹底的に厳しく叱る。しかし、叱りっぱなしではいけない。叱ったぶんの心配りを忘れないことだ。

一度叱ったら三倍のケアが必要だと心得ておいたほうがよい。これは叱ることにかぎらないが、何事においても、バランスシートを埋めていくように収支を合わせることが大切なのだ。そのためには、人に対して興味と関心を寄せること。そして、つね日頃から人の表情や反応、態度などを丹念に観察することが必要になってくる。

叱ったぶんだけの「心のケア」が必要

創業時から会社が急速に成長していった時代、私は一貫して〝叱って〟人を育てることを旨としてきた。それにはのっぴきならない理由があった。

「世界一のモーターメーカーをめざす」と気炎をあげつつ会社を創業したものの、世の中で一流といわれる人材など集まってくるべくもない。来る人材といえば、志望した会社をいくつも落ち続けた末に、行く会社がなくなってやってきたような人間ばかりである。

そういう人間を教育して、世界に通用する企業の社員に育てるにはどうしたらよいか。考えた末に決めたのは、徹底的に叱って教育しようということだ。そうすることによって闘争心と反発心に火をつけ、根本から意識を変えていくのだ。

それで辞めていくのなら仕方がない。一刻も早く戦力にするために、ほかの会社が十年かけるのであれば、わが社は三年で教育しなければならない。残された方法はそれしかなかったのだ。

やむにやまれずにとった方法だったが、これが大きな成果を挙げ出した。世間の評価では三流、四流とされた人間が、めきめきと能力を発揮し出したのだ。

この頃の叱り方は生半可なものではなかった。幹部が書類や図面を持ってきたとき、できが悪かったりミスがあったりするとその場で破り捨てたことも何度もあるし、相手が縮み上がるほど大声で怒鳴ったり、ときには机を叩《たた》いたり、椅子を蹴っ飛ばしたり、花瓶を壊したことすらある。

いまでも当時叱られた者に聞くと、もう少しでつかみかかっていただろうと口をそろえていう。それぐらいのすさまじさだったようだ。

その一方で、叱ったら叱ったぶんだけ、それなりの心配りもしていた。たとえば、叱った明くる日は、あえて叱った相手を自分の部屋に呼び出し、何事もなかったように世間話をする。これだけでも相手の気持ちはずいぶんやわらぐはずだ。人は一緒にいる時間に比例して、親しくなるものである。少なくとも自分に関心をもってくれていることは伝わるものだ。

まだ社員が少なかった頃は、こんなこともした。昇進時と夏と冬のボーナス時の年に三回、それぞれの社員に自筆の手紙を手渡し、そのなかで働いてくれたことへの感謝の気持ちや、働きぶりでよかった点を記し、ほめるべきところがあれば、言葉を尽くして徹底的にほめた。

これは社員が六百人になるまで続けた。この手紙を持って帰るのを奥さんがとても心待ちにしていたとか、故郷のお母さんが手紙を見て喜んでいたなどという話もあとから聞いた。いまでも宝物として大切に保管しているという社員の言葉も耳にする。私にとっては六百人のなかの一人だが、社員にとっては大切な一枚である。だから、どの手紙も心をこめて書いた。


心のこもった手紙を書くには、その人物をよく観察して、よいところを見つけてあげていなければいけない。日常の様子や仕事ぶりを見守り、叱ったなら、それと同じだけ、あるいはそれ以上に、ほめてあげることが必要なのだ。

そのようにして教育された人間はやがて、人を教育できる人間へと成長していく。どんな人を育てるのかといえば、「人を育てられる人」を育てるのだ。これができている会社は、必ず成長していくはずである。

ほめることと叱ることのバランスが大切

もちろん、昔のやり方がいまの時代にそのまま通用するわけではない。昨今入社してくる若い人たちは、親からもほとんど叱られることなく育ったために、打たれ弱い人も多く、かつてのようにただ激しく叱るだけでは逆効果である。そういう者に対しては、まずほめるところから入る。

「最近お前はよくなっているな、あの仕事ではいい成果を挙げたな」などと、評価して励ますことが、まず必要になってくるのだ。

そのうえで、「しかし、この仕事に関しては、どうもよくないな」「お前は優秀なのに、こんなこともできないのではしょうがないな」といった具合に、たえずほめることとセットにして叱る。そして、最後には「さっきは叱ったが、全体としてはよくやっている」とフォローするのだ。

これを、私は〝ハイブリッド式叱責法〟と名づけている。ハイブリッド車におけるモータとエンジンの動力比率のように、最初は「ほめる」エンジンを大きく、「叱る」モータを小さく入っていく。やがて、モータをだんだんと大きくしながら、いわば免疫をつけていくのだ。このように、つねに「ほめる」と「叱る」をバランスよく織り交ぜていくことが大切である。

もちろん叱るときには、徹底的に厳しく叱る。相手が恐怖におののくほどでなければ、慣れてしまって効果がないからだ。ここまできて、やっと教育できる準備が整ったことになる。こうなるまでには、およそ一年はかかるとみておいていい。なかには、この段階までついてこられず、残念ながら辞めてしまう者もいるが。

そして、会社が大きくなったいまでも、私はできるかぎり従業員との接点をもつことに力を注いでいる。私のもとにはいまでも毎日三百ものメールが届くが、そのうち三分の一には必ず返信している。週末になると各事業所からの週次報告が加わるので、その数は千本にものぼる。三日がかりの大仕事になるが、一つひとつ内容をチェックして返事をするように心がけている。

それも事務的な返信ではなく、ここぞという場面では、「ようがんばってくれたなあ、おおきに」といった具合に、京都弁を織り交ぜる。

件名もありきたりではない。怒りをぶつけるときには「バカヤローに告ぐ」。ほめるメールには「大嵐が来るぞ」。つまり、業績を大いに評価したうえで、「珍しいことなので天候が荒れるぞ」とユーモアをこめるのだ。

気が遠くなるような仕事だが、少しでもコミュニケーションをとることを自らに課している。

メールだけではない。土日は電話をかけまくっている。世界中のあらゆる地域で「ポツンと一軒家」、つまり日本人一人でがんばっている駐在員が相手だ。

彼らは日本を遠く離れて、ときには孤独感に苛《さいな》まれているかもしれない。だからこそ、会社は君のことを見守っているよ、というメッセージをこめた電話で元気づけるのだ。「元気でやってるか」「ご家族はどうしてる」といった内容で、仕事の話はしない。そんな具合に、三カ月に一回は声を聞くようにしている。

人との関係はどれだけ長い時間をともにしたかで決まる

人間関係というものは、どれだけ長い時間をその人とともに過ごしたかで決まる。世間には一度会っただけで「意気投合した」という人もいるが、そんなものは上っ面《つら》の関係にすぎない。

何度も会って、話す。家庭のことなど仕事以外のプライベートのことも話題にする。ときには激しく口論することもあるだろう。こういったことをくり返していくうちに、「この人となら一緒にやっていけるな」という気持ちがしだいに強くなっていくのだ。

そのためには、ある程度の時間軸も必要だ。私の場合、何でも腹を割って話すことができる相手は、創業期から何十年もつきあってきた部下だ。最大の理解者であり、私も彼らに絶大の信頼を置いている。

以前、創業期から苦楽をともにしてきた幹部の一人が私の家に遊びに来たとき、私が席をはずした隙に私の妻がこんなことを尋ねたことがあったという。

「こんな人の下でよく働いてきましたね。何度も怒鳴られて、辞めようと思ったことはないのですか」

すると彼はこんなふうに答えたそうである。

「そりゃありますよ。一万回までは覚えていますが、あとは忘れました。でも、私が辞めたら困るのは創業者である社長です。だから、絶対に辞めませんでした」

こうした人たちをいままでは私は心から尊敬しているし、感謝しているのである。なぜなら、彼らはいくら罵詈雑言《ばりぞうごん》を浴びようとも、ずっと私についてきてくれたからだ。そんな芸当は私にはできない。私だったら、こんな社長の下では、とっくの昔に辞めていたに違いないからだ。

人と人とのつながり、よい人間関係をつくるための妙案はない。自分の思いをしっかりと伝え、相手の思いもきちんと聞く。そのことにどれだけの時間を費やしたかで決まるのだ。

そうした意味では、個人情報の保護にうるさい昨今、社員のプライバシーには極力触れないという世間の風潮には、つねづね疑問をもっている。そんなことで本当の意味で人材教育ができるだろうかと思うのだ。

ざっくばらんに社員と何でも話をしようと思えば、相手のあらゆることを知る必要がある。たとえば、社員の身内に体にハンディのある人がいるとしよう。そのことを知らなければ、何気ない会話でも、その社員を傷つけているかもしれない。知っていれば心配りができ、力になることもできるのだ。

相手のプライバシーを把握していなければ、思い切って叱ることもできなければ、ほめることもできない。援助することもできないのだ。

したがって、私はこれまでも社内では誰に対しても隠し事はせず、率先してプライベートな部分をさらけ出すようにしてきた。だから、いつもこんな感じだ。

「おーい、みんな聞いてくれ。今朝、私は家で夫婦げんかをしてきたからものすごく機嫌が悪いぞ。下手な書類を持ってきたら承知しないから、覚悟しておけ」

やる気に火をつける叱り方と受け止め方

ずいぶん前のことになるが、こんなことがあった。

海外駐在員として外国に赴任していた二人の仕事ぶりがすっかりたるみきっているという報告があったので、すぐに帰国させて呼び出した。彼らもなぜ呼び出されたのかわかっているので、緊張して青い顔で部屋に入ってくる。私は手元にあるデータを突きつけながら、烈火のごとく叱りつけた。

そして、「君たちのような社員は要らない。これから三日間休みをやるから、頭を冷やしてよく考えてこい」といい渡した。

そのうちの一人は、その日に同期の親しい人間と飲みに行くことがわかっていたので、その同期の者を呼んで「だいぶ厳しく叱りつけたが、あいつは見込みがありそうだ」とこっそり伝えておく。

きっと、本人にも伝わったのだろう。はたして三日の休みが明けた後、「すみませんでした、心から反省して、もう一度やり直します」と申し出てきた。

問題はもう一人である。三日のうちに一人でつまらないことを考えて悶々《もんもん》としたのだろう。退職願を持ってやってきた。彼はまだ私の考えがよくわかっていないのだ。私はそれを見るや、「相変わらず下手くそな字だ。もう少し上手に書けないのか」と怒鳴りつける。

「もう辞めるんですから、そんなことはいってもらわなくてけっこうです」「辞めていいと、誰が許可した」「先日、お前のような者は要らない、と」「要らないとはいったが、辞めろといった覚えはない」――。

そして、「こんな下手な字では何が書いてあるかわからないから、もう一度書き直してこい」といって、退職願を破いてしまう。

もともとが律儀な性格なのだろう、翌日、彼はもう一度退職願を持って私のもとにやってきた。下手な字ではあるが、少しはていねいに書いてある。

「そう、これがほしかったんだ。昨日のはどうせ辞めるんだからというういいかげんな気持ちが表れていた。そんな気持ちで仕事をしていたから、評判を下げたんだぞ」

そうして何が悪かったのかを時間をかけて、懇々と説明していく。部屋を出るときには彼は涙を流していて、お互い手を握り合う。

彼が再び海外の赴任地に着いたらすぐに電話をかける。「なんだ、まだ辞めてないのか」と軽く悪態をつきながら、仕事の話を延々とする。「早く辞めや」という言葉を何度も挟む。そして最後には、「まあ、本当に辞めたら困るからな」といって電話を切るのだ。その後彼は心を入れ替えて、実によい成果を挙げてくれるようになった。

人を叱るときに鉄則にしてきたのは、どんなに厳しい叱り方をしても、「もう辞めてしまえ」という一言だけは絶対にいわないことである。また「もう辞める」という一言が相手からも出ないような状況、環境をつくり出してから叱ることも大切である。

そもそも、なぜそこまで真剣に、厳しく叱るかといえば、その人がかけがえのない大切な人材だからである。その社員を高く評価しているからこそなのだ。

かつて、巨人軍の名将といわれた川上哲治監督は選手を叱るとき、長嶋茂雄選手ばかりを叱ったという。当時の長嶋選手といえば、名実ともにトップ選手である。その人に向けて「お前がしっかりしないから、チームがこの体たらくなのだ」といえば、それをまわりで見ている選手は「自分たちが叱られているのだ。これではいけない」と自ら襟《えり》を正し、発奮する。

だからつね日頃から、叱られる者は見込みがあるのだと折にふれていっておく必要がある。私はよくこんなふうにいっていた。

「上司から叱られない人はまだ三流以下である。一日に五回叱られるようになったら、やっと二流。十回叱られるようになってやっと一人前だ」——。

このことが浸透しているから、どんなに厳しい叱り方をしても、社員は辞めることがない。それどころか、より深い信頼で結ばれていくのである。

チャレンジした人が評価される〝加点主義〟を貫く

私は「減点主義」はとらない。あくまでも「加点主義」である。スタート時点の評価はゼロだ。そこから、さまざまな課題に意欲的に挑戦することで、点数がプラスされていく。何もしなかったり、上司から指示されたことだけをやっていたら、いつまでたっても評価はゼロのままだ。

ところが、世の中を見渡せば、これとは逆の「減点主義」を採用している会社のなんと多いことか。つまり、スタート時はある程度の点数があるが、何かに挑戦して失敗したら、そこから減点していく方式である。

このシステムだと、積極的に仕事に取り組んで失敗するより、何もしないほうが点数が高くなってしまう。必死になって物事にトライするのが、バカらしくなるのも無理はない。大過なく過ごした者だけが出世するという理不尽な結果に終わってしまう。

当社では、失敗したら加点はないが、減点もない。「ゼロ」からの敗者復活のチャンスが待っているのだ。あとは、上司から「バカ者！」と叱られるだけだ。

わが社の優秀な営業マンの例であるが、彼はかつて小さい会社ばかりを相手に営業をかけていた。ところがあるとき不渡り手形をつかんでしまい、会社としてもかなりの痛手をこうむる結果となった。

私は容赦なく彼を叱りつけた。しかし彼は「もう一度だけチャンスをください。必ず取り戻します」といってあきらめない。

それ以降、彼は失敗を教訓に上場企業だけに絞って営業をするようになった。当初は門前払いをくらったり、にべもなく断られたりということが続いたようだが、持ち前の粘り強さで徐々に成果を挙げ始め、それからの五年間で従来の十倍もの利益を挙げるまでになったのだ。

日本では、失敗をしたら責任をとって辞めるというのが一般的である。それが潔い身の処し方であるという風潮もある。しかし、本当に責任をとるためには辞めることではなく、その失敗から学び、糧にして次の成功へとつなげることだ。

失敗することよりも、チャレンジしないことのほうが問題なのだ。チャレンジする数が多ければ多いほど、失敗の数もおのずと多くなる。私もこれまでの人生でどれだけの失敗を重ねてきたかしれない。相撲の星取表にたとえてみるなら、八勝七敗といったところだ。世間では十三勝二敗ぐらいに思われているのかもしれないが、ぎりぎり勝ち越すことができたというのが実感なのだ。それだけ多くの黒星も重ねてきたということだ。

もちろん、負け越してしまっては元も子もないが、黒星が多いということは、それだけチャレンジも多かったことを意味している。大切なのは、失敗を恐れずにどんどん挑戦することなのだ。そして失敗から学び、同じ過ちをくり返さなければ負け越すことはない。

本当に強い人間は、強いバネをもっている。失敗しても失敗しても、何度も起き上がることができるバネである。それは、挫折の数と深さから生み出されるものだ。

強い人間になるために、何度もチャレンジして、失敗や挫折をたくさん経験してほしい。失敗したら、その原因をしっかりと見極めて反省し、二度と同じ失敗をくり返さなければいい。成功への道は、そこから開けてくるのだ。

飯を食わしてくれる人に人はついていく

さて、ここからはリーダーとして人を率いていく人、またこれからリーダーとして活躍していきたい人たちに向けて書いてみたいと思うが、そもそもリーダーとしての資質とは何だろうか。人についていきたいと思わせるものは何なのか。たとえば、戦国武将を思い浮かべてみよう。

戦国時代に名を轟《とどろ》かせた天下人といえば、織田信長、豊臣秀吉、徳川家康の三人だ。なかでも私がもっとも尊敬しているのが秀吉である。

信長や家康は武将の家柄に生まれ、いずれは家臣を率いて大将になることが約束されていた。しかし、秀吉は違う。足軽の出であり、家臣など一人もいなかった。ゼロからスタートし、天下人にのし上がったのだ。だから尊敬するのだ。

では、どのようにして家臣団をつくっていったのか。鍵を握るのが「この人についていったら飯が食えるのではないか」という魅力だ。したたかさであり、頼もしさだ。

世の中、いくら高尚な理想をぶち上げたところで、それだけでは人の気持ちはつかめない。人の心を引きつけることはできないのである。肝心なことは、極言するなら生きるために食べていけるかどうかにある。

これは何も組織のリーダーだけの話ではない。私もいまの妻とお見合いをしたとき、妻は、「この人と結婚したら、一生ご飯を食べさせてくれるんじゃないか」と思ったそうだ。妻の父も同じく、「この男についていけば飯が食えるぞ」といったらしい。人は、最終的には「飯を食わしてくれる」かどうかで、この人についていこうかどうかを判断するものである。

日本電産はこれまで、個々の事情で辞めていった人間はいるが、大量解雇やリストラなどをすることなくやってきた。破綻した会社をM＆Aで傘下に収める場合も同じである。

人を雇い続けるというのは、生活を保障するということ。いい換えれば、「飯を食わせる」ことである。その代わり、しっかりと働いてもらうのが絶対条件である。日本電産の〝三大精神〟の一つである「知的ハードワーキング」ができるように、意識改革を徹底するのである。

もちろん、倒産する寸前にまでなった会社を立て直すのは並大抵のことではない。多くの壁があり、困難にも見舞われるだろう。しかし、しっかりと働いてくれれば、必ずや道がひらけるし、意識が変われば必ず復活することができるのだ。

こうした改革も、生活を保障する、食い扶持《ぶち》は確保するという安心感があるからこそ、うまくいくのである。どんなに高尚な哲学を説いたからといって、飯の保障がないと、人はついてこないものである。

先陣を切って敵陣に突っ込むのがリーダー

リーダーは何があっても、信じてついてきてくれる人たちを路頭に迷わせてはならない。会社の社長であれば、絶対に会社をつぶしてはならないのだ。そのために戦う覚悟と勇気をもって、自らが率先して集団の先頭に立っていく。それがリーダーなのである。

戦国時代、合戦の場で先陣を切って敵陣に突っ込むのは大将の役目だった。信長であれ、信玄であれ、謙信であれ、名だたる武将は真っ先に馬を走らせ、強敵をなぎ倒していった。天下を獲《と》る野望に燃えていたのだ。

「みなの者は我に続け！」

勇ましい号令と、その勇壮な姿に鼓舞されて、騎兵や足軽があとに続いたのだ。

ところがその後、時代が下るにつれて、大将が少しずつ後方に下がっていった。危険なことは配下の者に任せて、自分は安全な場所で様子をうかがうようになった。挙げ句の果ては、形勢が不利とみたら、真っ先に逃げてしまうような、情けない大将が出てくる始末だ。

戦国時代の武将といえば、みな地方の小さな国の豪族で、いかに天下を獲るか、虎視眈々《たんたん》と狙っていた。それは現代でいうベンチャー企業の若き社長にあたるだろう。これからどんどん会社を大きくしていこうとする、その闘いのなかで、自分だけが部屋の中でぬくぬくと座って、外回りの営業を人任せにしているわけにはいかない。

これは会社が大きくなっても同じである。ハードルが低く、簡単な仕事は「お前がやれ」と部下に任せ、困難な仕事は「私がやる」といって、率先して引き受ける。これこそが組織のトップのあるべき姿だ。その勇姿を見て、初めて部下は「この人についていこう」と、心から命令に従うようになるのだ。トップが部屋に閉じこもって、机にしがみついているようでは、組織に未来はない。

ところが外資系の会社から来たトップによくみられるが、問題が起こるとすぐに辞めて別の会社に移っていく。数年でトップが代わることなどざらである。

最初の数年はすべてが順調にいく。しかしながら、しばらくすると必ず何かしらの問題が起こってくるものだ。そんなときには、すぐに辞めて次の会社に行くというパターンをくり返しながら、複数の会社を転々とする人も少なくない。

本来は、十年ぐらいは一つの会社のトップを務めるのがよいのだ。十年間、会社の業績を維持することができれば、相当の経営力がある証拠だ。

十年の間には問題も起こるし、苦境も経験することだろう。しかし、春夏秋冬が十回めぐる頃には、たいていの問題は一巡するものだ。その間の失敗や挫折が糧になって、どんな問題でも解決するための方法が身につくのだ。

十年間は辛抱するという強さをもってもらいたい。とくにトップはそれぐらいの強さがないと、会社を安定して経営していくことはできないのだ。

リーダーは「千回言行」を実践せよ

物事を成しとげるのは、一人ではできない。目標が大きければ大きいほど、たくさんの人の協力を仰がなければならない。そこで求められるのは、「訴える力」である。

部下や協力者の心をつかみ、士気を上げ、目標に向かってリーダーを中心とした強固な団結をつくり上げる。そうしたリーダーがもつべき「訴える力」とは、言葉だけではない。メンバー一人ひとりの心を揺さぶり、突き動かす力。困難にもひるまず、先頭に立って飛び込む勇気。人が嫌がることに率先して取り組む姿もまた、「訴える力」である。

このことは経営破綻した日本航空の再建を果たした稲盛和夫さんをみてもわかる。航空業界とはまったく無縁だった稲盛さんが日本航空に乗り込んでまず取り組んだことは、幹部の心を変えていくこと。そして、すべての社員に再建することの意義と熱意を訴えることだった。全社員の心が一つになったからこそ〝奇跡のV字回復〟は成しとげられたのだ。

自分の情熱、理念、ビジョン、夢……リーダーはそうしたものをすべてのメンバーと共有するべく、訴え続けなければならない。それも一度では足りない。聞く者の心に染み込み、魂を揺さぶるまで何度となく語り続けなければならないのだ。

前述したように、オムロン創業者の立石一真さんは、自動改札のシステムを構築するにあたり、できないという幹部、社員たちに何度もくり返し訴えることによって彼らの心を動かし、成功へと導いたのである。立石さんはまた、こんなことを語っていた。

——比叡山《ひえいざん》の修行でもっとも厳しいとされる千日回峰行を知っているか。七年もの歳月をかけて比叡の峰々をめぐって礼拝する修行をいう。白装束を身にまとい、行の半ばで挫折するときは、身につけた短刀で自ら命を絶つ。まさに命がけの修行である。このような難行を成しとげた者だけに悟りの世界が開けるのだ。

千手観音像をみてもわかるように、仏教では「千」という数字に深遠な意味がある。人生も経営も同じだ。社員や部下を納得させて動かそうと思ったら百回では足りない。千回は同じことをくり返しいわないと動いてはもらえないのだ——

私はこの立石さんの教えを「千回言行」と名づけ、自ら率先して実践している。何度も何度も同じことをくり返していう。それも、初めてのように話すのだ。

すると、なかには「お言葉ですが、この話は何度もうかがっております」と口をはさむ者も出てくるが、「そんなことはわかっている」といい返す。何度いっても徹底しないから、できるまで百回でも千回でもいい続けるのだ。

メールでもそうだ。返事が来るまでは何回も同じ内容を送り続ける。何度も同じメールが届くので、「パソコンが壊れていませんか？」と返信が届くこともあるが、それくらい一貫しているのだ。

人は目で見たり、耳で聞いただけでは動かない。自らの意思で行動するためには、その理由がしっかりと腑《ふ》に落ちていなければならない。

もし一回いっただけで、全員の心を前向きにさせることができるのなら、その人はカリスマである。しかし、そんなカリスマはめったにいない。だから、千人全員に理解させるには、同じことを千回いわないといけないのだ。

腑に落ちるまでいったか。納得するまで教えたか。何度も指導したか。できるまでやらせてみたか。このしつこさが人間を変え、組織を変えていく原動力となるのだ。

地位や肩書きでは人は動かせない

訴える力の原点にあるのは、その人がもつ実績だ。いくら、心に響くような言葉を並べたところで、いった本人にそれを裏づける実績がなければ、誰も支持してくれない。また、たんに高い地位や肩書きがあるだけでも、人は動かないものだ。その人が発する言葉が心に通じ、腑に落ちたときに初めて、人は「この人についていこう、ともに歩もう」と決意するのだ。

日本社会はまだまだ人を肩書きで動かそうとする風潮が強いが、海外でこれは通用しない。最初に顔を合わせた瞬間に、このボスはどの程度の人間かを瞬時に値踏みされるからだ。腕相撲をする前に手を握り合うと、相手がどのぐらい強いかわかるのと同じで、顔を合わせた瞬間にこの程度のボスの下では働けないと思ったら、さっさと辞めていってしまう。それが海外の会社である。

日本は肩書きで人を動かそうとするし、また一方で地位の高い人には従っているふりをしている。ところが心底従っているかといえば、そうではない。心のなかではバカにしていることも多いのだ。

以前の話だが、飲み屋で社員と酒を酌み交わしているとき、両隣のテーブルで飲んでいる人たちの会話が耳に入ってきた。どちらも大会社の社員たちのようだったが、聞いていると会社や社長や上司の悪口ばかりである。イヤでも耳に入ってきて、気になって仕方がない。

あまりに腹が立ったので、思わず「おい、君たち」と声をかけた。「さっきから聞いていれば、会社と上司の悪口しかいっていないではないか。その会社から給料をもらっているんだろう、そんなにイヤなら辞めたらいい」と怒鳴ってやった。

相手も酒が入っているので、「いや、そんなことといわれても簡単には転職できませんよ、給料も下がるでしょうし」などとくだを巻いている。「そう思うのなら、我慢して働け。それでもイヤならうちの会社に来い」というと、目を白黒させていた。これが、日本でよく見る一般的な会社員の姿なのだろう。

失敗談と夢を語る人に人は惹かれる

それでは「訴える力」の源泉となるのは何なのか。人の気持ちを深く読み取り、どんなに苦しい状況に置かれても明るく、前向きに人々を引っ張っていくことができる、豊かな感性である。それは先に述べたＥＱ値を高めるということだ。

では、どのようにしたら、そうした感性を高めることができるのか。もちろん、一朝一夕には身につかない。必要なのは失敗や挫折などの経験だ。それらの経験を通じて、人のつらさや痛みが自分のものとして染み込んで初めて、ＥＱ値が高まっていく。

日本経済新聞の「私の履歴書」は、各界の著名人が自らの半生を語る名物コラムだが、成功の自慢話より失敗談のほうが人気がある。「華々しく成功した人でも、その過程ではこれだけの失敗をして苦しんだのか」と心に響くものがあるのだ。たいていサラリーマン社長の成功談は、一流の大学を出て、同期で一番に出世したなどという自慢話が多く、おもしろくない。

私自身、学んだことのほとんどは失敗からだ。挫折の苦しみを体験した者が発する言葉には訴える力がある。聞く者の心をつかみ、腑に落ちるものがあるのだ。

注意しなければならないのは、ここで取り上げている失敗とは、一生懸命がんばったうえでの失敗を指していることだ。漫然と手を抜いて失敗したところで、得るものは何もない。人は平らな道でもつまずくことがある。そのような失敗は論外だ。

「訴える力」を高めるうえで、私が心がけている点をいくつか紹介しよう。まずは、現状をありのままに伝えるということだ。格好をつけて繕ったり、ごまかしてはならない。本音を伝えて、理解を求めるのが大切だ。

とはいえ、興味のある話題やテーマがそれぞれ違う人たちを相手に、心を動かす話をするのはむずかしい。下手をすると、聞く者のほとんどが退屈して居眠りをする。そのような場合は、失敗談をネタにして、随所で笑いや驚きを誘いながら、関心を話の最後まで引きつけるのも一つの手法だ。

そして、若い人には夢を語るのが効果的だ。我々がこれから進む先には、こんなにすばらしい世界が開かれている、あるいは、自分たちの仕事はこれだけ社会に貢献している、と大いに夢を語って、実現していく。そこに、若者はついてくるのだ。

「夢を語る」ということに関連して、先日おもしろい話があった。わが社でぜひ採用したいと思った優秀な人材がいた。しかし、なかなか受諾の返事をくれない。私も説得にあたったところ、その青年は「実はあるベンチャー企業からもお誘いの話があり、どちらにしようか迷っているのです」という。そのベンチャー企業の社長は「日本電産なんてやめておきなさい。いずれは当社が買収しますから」と説得するというのだ。

わが社を買収するといっているのは、いったいどこの会社なのか。再三の問いに、青年は重い口を開いた。なんとわが息子、次男の経営するベンチャー企業だったのだ。

日本電産では、経営三原則に掲げているとおり、同族経営を断固排している。息子たちには小学校の頃から、創業者の息子といえども会社を継ぐことができないことを、再三いい聞かせてきた。「会社を継げなくても、買収するのならかまわないだろう」。

息子はそういっていたが、本気で考えているのかもしれない。

もちろん会社の規模や売上は比較にならない。待遇もわが社の六割程度にすぎない。条件は当社が圧倒的に有利なのに、その青年は迷っているのだ。

「いまはまだ小さいが、これから世界をアッといわせる企業に育てていく。ぜひ、右腕として力を貸してほしい」。次男が語る、そうした壮大なロマンに引きつけられているのだ。わが息子ながら、人の心をそこまで動かす「訴え力」は、なかなかのものである。

トップは自ら進んで「御用聞き」となれ

「最近の若い者はなかなか報《ほう》・連《れん》・相《そう》に来ない」と嘆く管理職がよくいる。「報・連・相」、すなわち、仕事の「報」告や「連」絡がない。むずかしい課題に直面したり、プライベートで悩んでも「相」談にも来ない、というわけだ。しかし、その原因が自分にあることに気づいていない幹部がほとんどである。

「こんなことを聞くと叱られるのではないか」

「偉そうにしていて声をかけにくい」

……報・連・相をためらうのには、それなりの理由があるのだ。

黙って椅子に座って、ひたすら報・連・相を待ってはいないだろうか。それでは、いくら待っても部下は近づいてこない。御用聞きのように、自ら足を運び、こちらから声をかけることが大切だ。上司を敬遠して近寄ってこないが、胸の内では声かけを待っている部下もいるのだ。


私はこのような工夫をしている。部下をAからEの五つのタイプに分けて、それぞれ異なった対応をしているのだ。

こちらから声をかけなくても近づいてくるA、Bの〝積極派〟は、放っておいても大丈夫だ。気にかける必要があるのは、おとなしいCタイプあたりからD、Eタイプだ。彼らには進んで御用聞きをするように心がけている。

「元気にやっているか」「困ったことはないか」

初めのうちは驚いているが、少しずつ心を開いてくれるのがわかる。

こんなこともあった。あるときEタイプの社員と廊下ですれ違ったので、「調子はどうだ?」と声をかけたところ、その社員は泡を食った様子で、すっとんきょうな声で「どの機械の調子でしょうか」という。「何をいっているのだ。英語のハウ・アー・ユー(調子はどうですか)だ」といったら安心していた。あとで聞いたら、その社員は「廊下で社長から声をかけてもらった」とうれしそうに話していたそうだ。

そういう社員にかぎって、心の中にはしっかりとした意見をもっているものだ。しかし、自ら具申するほどの勇気がないのだろう。日本社会では、とかくこのようなことがありがちだ。会議などでも「何かご意見はありませんか」と水を向けても、誰も手を挙げない。しかし、指名すると「なるほど」と思うような堅実な意見を述べることが多い。

このような人たちは、壁を乗り越えさえすれば、少しずつ変わっていく。そのためにも、上司は自ら足を運び、伝え、導くことを心がけてほしい。

心を開き始めた社員には、こんな声をかける。「たまには君からも御用聞きに来なさい」。D、Eタイプの社員がこのようにして、めざましい変化をとげている様を見るのは、私にとって大きな楽しみである。

なぜ「羊の集団」が「狼の集団」に勝てるのか

ここに、二つの集団を想定してほしい。一つは、一匹の狼をリーダーにもつ四十九匹の羊の集団。もう一つは、一匹の羊が率いる四十九匹の狼の集団だ。この二つの集団が戦った場合、どちらに軍配が上がるか。

常識で考えれば、四十九匹の狼がいる集団のほうが強いと思われがちだ。しかし、現実は違う。四十九匹の羊の集団が勝つのである。つまり、その集団の強さはリーダーによって決まるということだ。企業も組織も同じである。

なぜ、羊の集団は狼の集団に勝つのだろうか。それは、おとなしい羊にリーダーの狼が「闘争心」という火をつけるからだ。そのことによって、羊の一団は統率のとれた戦闘集団に変身し、狼の烏合《うごう》の群れを圧倒することができるのだ。

オーケストラでも、一流の指揮者がタクトを振れば、三流の楽団でもすばらしい音楽を奏でることができる。アマチュアの学生たちを集めた楽団であっても、一流の楽団さながらの音楽を奏でられるのが一流の指揮者である。一方、いくら世界的に有名な奏者を集めたところで、指揮者が三流なら、音色はバラバラで美しいメロディは生まれない。

したがって、「ろくな部下がいない」と嘆く上司は、自らの無能を自白しているようなものだ。ろくでもない人を上手に使うのがリーダーたるゆえんなのだ。リーダーたる者はつねにチームの命運を握っていることを、肝に銘じなければならない。

リーダーの統率力が試される場面はいくつもある。たとえば、百人のメンバーがいたとする。そのなかの一人がひじょうにすぐれているが、全体の和を乱す場合はどうするか。戦力としては惜しいが、集団からは去ってもらうしかない。

組織にとって大切なのは、「一人の百歩より、百人の一歩」なのだ。どれだけ技術が進歩しても、一人の天才がすべての製品を作り出すことはできない。何人もの技術者がチームを組んで、力を出し合いながら日々努力を重ねることで、新しい製品がやっとできあがるのである。

営業もしかり。いくら優秀な営業マンだったとしても、一人ですべての売上をまかなうほどの注文をとることなどできない。一人ひとりの営業マンが地道に得意先を回った、その積み重ねが会社を支えているのである。

必要なのは、たくさんの人が力を出し合い、協力するということだ。全員が一致団結したときに、その組織は勝てる集団になるからだ。したがって、リーダーの役割とは、多くの人の力をまとめることである。

そして、全員のベクトルを一つの方向に合わせて指揮することこそが、リーダーの任務なのだ。人の士気を高め、自分ができないことを人が喜んでやってくれるようにしなければいけない。すべては指揮者、すなわちリーダーの力量にかかっているのだ。

夢を語ってこそ、心でつながる同志が集まる

最終的に人と人を強固に結びつけるのは損得ではない。心と心でつながったときがもっとも強いし、大きな力を発揮することができるのだ。

創業時、ちっぽけなプレハブ小屋の作業場で仲間と一緒に仕事をしていた頃は、最低限の給料しか払うことはできなかったが、「世界一のモーターメーカー」の夢を実現するために、力を合わせて歩んできた。なかには夢に共感して、給料が下がっても一緒に働きたいと志願してくる頼もしい者もいた。その夢が実現したいま、創業期の仲間は物心ともに豊かな人生を送っている。

これとは逆に、当社の業績にひかれ、お金を求めて入社を希望する者もいたが、そういう人はけっきょく、お金のことで辞めていった。会社を取り巻く環境は、いつも

順風満帆とはかぎらない。リーマン・ショックのような経済危機に直面したら、賃金カットもやむを得ない。基本的に私は辞めていく人を引き止めたことはないし、今後も引き止めるつもりはない。

心と心でつながった仲間であれば、苦難のときこそ力を尽くしてくれる。二十人に一人、あるいは三十人に一人かもしれないが、そのような者たちを探していきたい。

そのためには、経営者をはじめ、人を率いていく立場にある者が、部下に夢を語っていくことが大切である。夢を語り、それに賛同する同志が集まってこそ、成功への道が開けるのだ。

インドやブラジルの途上国にあるグループ会社で働く、現地の従業員に私の生い立ちを話すことがある。貧しい農家の六人きょうだいの末っ子に生まれて、苦労して学校で学んだこと。そして、二十八歳で起業して、ゼロから世界一のモーターメーカーに育て上げたこと。そして、最後にこう呼びかける。

「みんなの力で会社をもっと大きくして、この会社のトップをめざしてほしい。いまは日本人が社長をしているが、当社には〝天上がり〟はあっても、天下りはない」

現地の若者は、おそらく自らの人生を重ねて聞いているのだろう。みんながワッと元気になっていくのが、手にとるようにわかる。

明日という言葉は「明るい日」と書く。今日よりも明日はもっと明るい日になる。そういえる人こそ、リーダーに適している人である。そのためには、自分が夢を信じなければならない。明るい未来を描いていなければならないのだ。

もちろん、目の前には問題が山積みである。人生はサインカーブだからである。よいことがあれば、同じだけ困難も多いものだ。しかし、それはそれで置いておいて、明るい未来が語れるかどうか。何よりもそのことが大切である。

第4章

変化をとらえよ！
大きく見て
小さく歩め

世の中を見る「鳥の眼」と「虫の眼」をもて

世の中の流れをつかみ、対処していくためには、「鳥の眼」と「虫の眼」が必要である。はるか上空から地上を見下ろして、全体の様子を一望のもとにつかむのが鳥の眼だ。一方、地面に張りついて、どんな小さな変化も見逃さないのが虫の眼である。

どんなに隆盛を極めた事業でもピークアウトは必ず訪れる。このことを忘れて、いつまでもこれまでの事業にしがみついていたら会社に未来はない。中長期的な視点に立って次の一手を打つことが、何よりも大事だ。それも競争相手に先んじて素早く判断することが求められる。

そのときに必要なのが、「鳥の眼」である。鳥の眼がとらえるものは、世の中の全体像であり、時代の大きな流れである。そして、その視線の先には五年後、十年後の近未来が映っているはずだ。

それさえしっかりつかめば、いま現在、自分が何をすべきか、何が求められているのかが見えてくる。鳥の眼とは、時代を先読みする眼ともいえる。

一九八三年、私は思い切った決断をした。精密小型モータの市場で主流だったFD(フロッピー・ディスク・ドライブ)用モータから撤退し、まだ受注量も少なく発展途上にあるHDD(ハード・ディスク・ドライブ)用モータの開発・製造にすべての経営資源を集中した。戦略上の大転換だった。

売上を支えている主力製品からなぜ撤退したのか。しかも、HDD用モータは高精度化に加えて小型化が求められており、これを克服するには技術面でも生産面でも膨大な労力とノウハウが必要だった。多くのメーカーが市場への参入をためらっているなかでの大決断だった。

ユーザーのメリットを考えれば、今後、コンピューターの薄型化、小型化が進むことは間違いない。そうだとすればモータもコンパクトで大容量のHDDが主流になるはずだ。このニーズを先取りすれば、シェアトップに躍り出ることができる。これが私の読みだった。

まだ会社の規模もそれほど大きくなく、失敗は許されない。創業以来、最大の決断だった。開発部門は顧客の多様な要求に応じ、総力を挙げてHDD用モータの開発に取り組んだ。営業スタッフも国内外のメーカーを訪問して交渉を重ねていった。

当時、HDDのトップメーカーであったアメリカの企業に一年間の「日参戦略」をした末に参入を許された顚末《てんまつ》は、すでに第1章で述べたとおりだ。

はたして、私の読みは当たった。一九八〇年代後半からパソコンの小型化・薄型化の流れが一気に加速したのだ。HDD用モータの需要は拡大して業績は伸び続け、日本電産はこの分野のトップメーカーとなった。その後の急成長を支える基盤になったのである。

地道な調査と情報収集が成功に結びつく

もう一つ大きな転換をはかったのは、一九九五年のことである。当時は相変わらずのパソコン市場の好況を受けて、HDD用モータの需要は順調に伸びていた。しかし、そういうときだからこそ、次の手を打っておかねばならない。次のターゲットとして照準を合わせたのは、自動車用の油圧電動式パワーステアリング用モータであった。

この頃、地球環境の保護に対して世界的関心が寄せられるようになり、企業に対するCO_2削減の要求が高まっていた。それによって自動車メーカーも低燃費自動車開発へと力を入れ始めていたのだ。

パワーステアリングの油圧ポンプをエンジン出力からモータ駆動に転換することによって、燃費が数パーセント下がる。いずれ、パワーステアリングはモータ駆動に切り替わっていくだろう。それが私の読みであった。

その開発は困難を極めた。プロジェクトチームのメンバーはあまりの激務のために頬がげっそりとこけて、社内で「ゾンビ集団」と揶揄《やゆ》されるほどであった。しかし、懸命の努力によって取引先からの評価は徐々に高まっていった。そして、わが社のモータを搭載したＢＭＷ車がモーターショーで紹介されるや、パワーステアリングは一気にモータ駆動へと切り替わっていったのである。

ＦＤＤ用モータからＨＤＤ用モータへの転換、そして自動車のパワーステアリング用モータへの参入。いずれも社運を賭けた大きな決断であり、それだけに社内には不安もあった。しかし、大切なことは世の中の流れをみて、つねに先回りすることだ。時代を「待ち伏せ」するのである。織田信長が勝利を収めた桶狭間の戦いをみればわかる。周到に準備して時代を待ち伏せし、ここぞというときには勇気をもって一気に攻め込むのだ。

ただし、もちろんいずれの場合も、たんなる直感や思いつきで動いたのではない。決断に至るまでには得意先の意見や専門家の考えを丹念に聞き、市場調査を実施して膨大なデータを集めた。国内だけではない。営業マンは世界中を回っており、先々の国の顧客からもさまざまな情報が入ってくる。それらの情報を分析して、いったん立てた仮説を修正しながら、方向性を定めていったのだ。

大きな変化を決断するときには、それだけ丹念なリサーチが必要なことを忘れてはならない。それなくしては、「鳥の眼」をもってしても、真実の姿をつかむことはできない。そして、ひとたび腹を決めたら、不退転の決意で、できるまでやり抜くことである。

千の種をまいて三つの花が咲けばよい

こうした話をすると、たんに運がよかったからだという人も多いが、ここに至る道はけっして平坦なものではなかった。

百挑戦したとしたら、成功するのは一つか二つにすぎない。残りの九十八か九十九は失敗しているのだ。まして、会社の運命を変えるような大成功は、千のトライで三つほどしかない。まさに「千三つ」だ。つまり、それだけ種をまかなければ、花の咲く木は育たないということだ。

たとえば日本電産が手がけていたブラシレスモータであれば、それがどんなもので、どのような点がすぐれているのか、ほとんどの顧客は知らないのだ。そのためには、きちんと説明しなければならない。種をまいただけでは不十分なのだ。私は英語の解説書まで書いて、得意先に配り、営業マンがコツコツと世界中を説明に回った。

これについては、こんな後日談がある。私はモータの研究ですぐれた貢献をした人に「永守賞」を贈って表彰しているが、その表彰式で、受賞者の一人である中国・浙《せっ》江《こう》大学の教授から「永守さんが書いた本で勉強してきました」といっていただけたのだ。実にうれしかった。

このように種をまいたあとは、水をまいて、さらには肥料も施し、汗水流して育てていかなければならない。気が遠くなるような作業のくり返しだ。それでも、花を咲かせずに枯れてしまう木もある。いや、ほとんどの木が枯れてしまうのだ。だから、大きな木から小さな木まで、できるだけ多くの種を、あらゆる畑にまいていくのだ。

私の場合は、多品種の種をまくのだが、すべて「回るもの、動くもの」、すなわちモータに関連するもの、という一貫性だけは失わないように心がけている。

ことほどさように、成功を手にするのは容易なことではないのだ。世の中は、とかく成功者ばかりに注目が集まるが、その陰には、数知れない失敗者の屍《しかばね》が横たわっている。その成功者にしても、幾多の失敗をくり返し、それを乗り越えた末に、ようやく物事を成しとげることができたのだ。世の成功を手にする者は挑戦の分母が桁違いに多いということを、胸に刻んでほしい。

これからはモータが産業の〝コメ〟になる

これからの時代を「鳥の眼」をもって俯瞰《ふかん》してみると、モータが「産業のコメ」になると、私は確信している。

これまでの産業のコメといえば、一九八〇年代までは「鉄」であった。建物や橋、鉄道をはじめ、すべてのところに鉄が使われていた。

その後、鉄に代わって登場したのが「半導体」だ。パソコンやスマートフォンなどのデジタル家電や冷蔵庫、洗濯機などの白物家電、さらには自動車など、ありとあらゆる製品に使われている。半導体がなければ産業が成り立たない、とまでいわれていた。そして、これからの時代は「モータ」が産業のコメになっていくのだ。

そのことを象徴的に示しているのが電気自動車（ＥＶ）で、一台のＥＶには百ものモータが配されている。それだけではない。船舶、飛行機、鉄道など、これまでモータとは縁がなかった分野にもどんどん普及していく。「回るもの、動くもの」のすべてにモータが使われる時代が、いよいよ到来するのだ。

ＥＶを例にとるならば、世界の自動車の市場規模は八千万台とも九千万台ともいわれている。しかし、自動車を購入したいと思っている人は世界で三億人から五億人はいると私は考えている。ほとんどが、アジア、アフリカなどの発展途上国の人だ。

この人たちは自動車がほしくても、高い買い物なので手が出ないのだ。かつての携帯電話がそうだった。高くて買えなかったが、安くなったいまは、経済的に発展途上にあるアフリカでも当たり前のように使われている。

この価格の壁を打ち破るのがＥＶだ。私の予想では、将来、ＥＶの価格は五分の一になるとみている。事実、中国では日本円にして四十五万円程度のＥＶが爆発的に売れている。しかも技術革新により、まだまだ値段を下げることができる。

また、現在全世界で消費される電力の約五十パーセントがモータに使われている。ということは、モータの消費電力量を削減できれば、発電所もそれほど必要なくなる。地球環境保全にも大いに貢献できるわけだ。そのためにも、モータの研究開発や技術革新が重要なテーマになってくる。

ところが、技術者は往々にして失敗を恐れて、挑戦することから逃げる傾向がある。初めから「できない」と否定から入るのでは、成長は望めない。どんどんチャレンジしていくことが大切なのだ。

もちろん、失敗することもあるだろう。しかし、その失敗を分析することで、一つひとつ階段を上がり、成功に近づくのである。ためらわずにトライして、失敗や挫折をくり返しながら、成功率を上げていくことである。

ゆでガエルになるな、時代の変化に対処せよ

物事には、変えてはいけないものと変えていかなければならないものがある。変えてはいけないものとは、いわば土の下の根っこである。会社でいえば理念、社是、あるいは基本精神。こうした根っこはより深く、より広く地中に広がっていかなければならない。

しかし一方で、土の上の枝葉はどんどん変えていかなければいけない。土より上の枝葉が春夏秋冬と装いを変え、四季の移ろいとともにさまざまに変化するようなものだ。体に合わない小さく古い服は脱ぎ捨て、身の丈に合った新しい服に袖を通して時代の最先端を走り続けなければならない。

かつて、「築城三年、落城三カ月」といわれた時代があった。どんなに時間をかけて築き上げたものであっても崩れ去るのは早いという意味だが、それが「築城三年、落城三日」といわれるようになって久しい。ところがいまやＩＴの発達とグローバル

化によって「落城三時間」ともいうべき時代が到来しているのだ。

それがいま世界で起こっている厳しいグローバル競争の実態である。我々は時代の変化を敏感に嗅《か》ぎ取り、バージョンアップしなければならない。順調なときほど先を見通し、次の一手を考えることが重要だ。次に訪れる世界を読むことが必要なのだ。


有名な寓話だが、カエルを熱湯に入れると驚いて飛び出すが、常温の水に入れて徐々に熱するとどうなるか。カエルは温度変化に慣れていき、危険に気づいたときにはすでに遅く、ゆで上がって死んでしまう。

まわりを見回してみると、そのような〝ゆでガエル人間〟のなんと多いことか。もしかしたら自分もそのなかに含まれているのではと、つねに反省する日々である。

では、ゆでガエルになってしまうのはどんな人間か。その特徴は「マンネリ・あきらめ・怠慢・妥協・おごり・油断」の〝六悪〟に集約できる。

すなわち、「工夫もせずに前例踏襲ばかりをくり返してはいないか（マンネリ）」

「挑戦せずに望みを捨ててはいないか（あきらめ）」「やるべきことをおろそかにしてはいないか（怠慢）」「『これくらいでいいや』と手を抜いてはいないか（妥協）」「他人の意見に謙虚に耳を傾けているか（おごり）」「気が緩んで再三、ミスを犯してはいないか（油断）」という六つの要素である。

この六悪という病理現象は、順風満帆のときほど蔓延《まんえん》しやすいので厄介である。会社でいえば、製品のシェアが九十パーセント以上になると、その兆候が見え始める。競争相手がいなくなると気が緩み、緊張感がなくなるのだ。頂点を極めたビジネスにいつまでもしがみついていれば、必ず会社は自滅する。

「脱皮しないヘビは死ぬ」ということわざどおり、まわりの変化に先行して自己変革しなければ、あっというまに「負け組」に入ってしまう。そのことを自戒すべきである。生き残れるのはもっとも強い者でも、もっとも賢い者でもない。変化できる者だけなのである。

長時間労働から知的ハードワーキングの時代へ

変えていかなければならないものの一つに、労働時間がある。

創業当初、実績も信用も人手も設備も資金もない、まさに「ないない尽くし」だった私たちは、「時間」で勝負するしかなかった。「モータ業界」においては後発組だっただけに、競争相手ははるか先を走っている。そんな私たちにとって、時間だけがただ一つ、競争相手と平等に与えられている資源であった。

ほかの会社が八時間働いているのなら、我々は倍の十六時間働く。そうすれば、ライバル会社に比べて納期を半分にできる。納品したあとで仮に検査がパスしなかったとしても、時間に余裕があるので作り直して再びチャレンジできる。

さらに競争相手のセールスマンが得意先を一回訪問する間、わが社は二回訪問できる。先方との関係も深まり、要望も的確につかむことができる。

これを「倍と半分の法則」と名づけ、全従業員が共有する基本概念の一つとしてきたが、それは、何が何でも一番に近づきたいという渇望から生み出されたものだ。

深夜でも受注できるよう、二十四時間いつでも対応にあたる体制を敷いた。「誰もいないだろう」と思いながら深夜に電話を入れてきた取引先もびっくりする。そして感謝され、取引が増える結果となった。

つまり、この時代は「長時間労働」こそが「ハードワーキング」の定義でもあった。これは何もわが社にかぎったことではなく、急成長してきた会社はどこも同じ道を歩んできたのだ。


私が経営者としてずっとその背中を追いかけてきた京セラも同様である。創業者の稲盛和夫さんと初めてお会いしたのは、おつきあいのある銀行の常務が食事の席を設けてくれたからであった。

当時、京セラは創業して二十年を迎えて成長著しい頃で、稲盛さんも経営者として脂が乗っていたし、話も勢いがあって実にためになるものだった。会食が終わったのが十時ぐらいで、私は当然のことながらそれから会社に戻るのだが、稲盛さんもまた、これから会社に戻られるという。「やはり、この人は違う。半端な人ではないな」と感服したものだ。

それ以降、たとえば東京に出張した帰り、最終の新幹線で、当時は京都の山科にあった京セラ本社の前にさしかかると、まだ煌々《こうこう》と明かりがついている。それを見て、私たちもまだまだがんばろうと思ったものだ。

いまではそんな話をするとブラック企業だと後ろ指をさされそうだが、当時はこれが当たり前で、そうでもしなければ会社を発展させることなどできなかった。

しかし、いまはハードワーキングの定義もだいぶ違ったものになってきた。その基準は時間ではなく、競争相手に勝てる仕事をしたかどうかである。つまり、結果がすべてだということだ。

仮に十六時間働いたところで、結果を出せなかったら、まだまだハードワーキングの域には達していないのだ。したがって最近では、肉体ではなく頭脳をフル活用する「知的ハードワーキング」を〝三大精神〟の一つに掲げている。

そのように転換してきたのは、M&Aで欧米企業の買収を進めるようになり、海外の勤務実態をつぶさに知ることになったのも大きい。欧米の会社では、そもそも労働契約で決められた時間を超えて働くという発想がない。

定時になれば、みないっせいに帰っていくのだが、それでも高い生産性を保っており、高い利益率を維持している。かたや日本では生産性が低いため、残業が常態化し、それが当然とされているのだ。これでは、グローバル競争に勝ち残れない。

そうしたことから、わが社は欧米のトップ企業並みに生産性を高めることを前提に「残業ゼロの会社をめざす」と宣言した。いまでは定時以降は自己啓発や家族とのゆとりある時間として、明日への活力と自らの能力開発のために活用してもらっている。

「現場・現物・現実」を見ることなく経営を語るな

さて、これまで時代を大きく俯瞰する「鳥の眼」について述べてきた。そして、鳥の眼でとらえた時代の変化を読みとき、潮流に乗って新しい波を起こしていくためには、もう一方の「虫の眼」が必要である。

「虫の眼」とはどういうものか。小さな虫のように地べたに張りついて、どんな小さな変化も見逃さない眼である。


経営において基本中の基本となるのが、「現場・現物・現実」の〝三現〟を正しく把握することである。これをせずに机上の空論を振り回す人が多いが、これでは評論家が経営しているに等しい。かつて私は買収した子会社も含め、すべての工場を定期的に回り、この目で確認していた。その際には、幹部から現場で働くあらゆる立場の人たちとともに食事をしながら、本音で語り合った。

一つの工場を訪問すると、そこで私が気づいた問題点に加え、現場の人たちから上がった提案や問題提起に基づく指示が、翌日には全世界のグループ会社にいっせいに発信される。さすがに最近は世界規模で工場が増えたこともあり、以前ほどの密度で現場視察をすることはむずかしくなったが、現場重視という基本方針はいまも変わっていない。

そこまでするのは、小さな問題を見逃さないようにするためだ。どんな大きな問題も、突き詰めていくと小さな問題の集積である。長年の怠惰な習慣やいいかげんな考え方が、やがては会社を傾ける大きなマイナスに膨れ上がっていく。

会社も個人も、少し調子に乗ってくると、すぐにおごりや横柄な姿勢が出てくるものだ。また、同じような仕事を続けていると、マンネリやムダが生じたり、時間にルーズになったりする。

したがって、「虫の眼」でそうした細かな問題を、地を這《は》うように一つひとつ見極め、拾い上げていく必要があるのだ。そのような現象をチェックする物差しが、〝6S〟（整理・整頓・清潔・清掃・作法・躾《しつけ》）だ。

これまで私が見てきた一流企業には、いくつかの共通点があった。社内の清掃が行き届いていて、整理整頓が徹底されている。約束の時間をしっかり守り、訪問者を待たせない工夫がなされている。受付での対応から始まり、お会いしたり廊下ですれ違ったりする社員たちの言葉遣い、行動の仕方、身だしなみがすばらしいことである。働いている社員たちの意識、すなわちEQ値が高いのである。

一方、業績の悪い企業はオフィスが雑然としており、工場はゴミで汚れている。社員の身だしなみも乱れているし、来客の対応もなっていないことが多い。

こうした一つひとつのことに細かく注意を向けることで、ムダや非効率を排除できる。同時に時代に合わなくなった行動パターンを改善し、会社の体質を少しずつ改善していくことも可能になる。このことが結果的には大きな革新や創造につながっていくのだ。

これまで多くのM&Aを行ってきたが、先に述べたとおり、傘下に入った会社に対しては経営陣を入れ替えたり人員整理をすることはない。それまでその会社で働いてきた顔ぶれを変えずに、彼らのEQ値を高めるべく意識改革を行うのである。

"陰の極"までやり抜けば、劇的に好転する

以前、傘下に収めた大手電気機器メーカーの子会社の場合、私が出向いて最初にしたことは、トイレットペーパーの購入価格を聞くことだった。ところが総務課長も庶務の女性社員も把握していなかった。調べてみると、日本電産より二割以上も高い値段で買っていた。ということは、この会社は多くの物品を二割以上高く買っている可能性があるということだ。

次に、ゴミ箱をすべて持ってこさせて、ひっくり返してみた。すると、まだ使えるボールペンや消しゴム、ほとんど印刷されていない白い紙などが次々に出てくる。私がつきっきりで分別してみたところ、七割が使えるものだった。

ゴミ捨て場にも、工場で扱う原材料がそのまま捨ててあったりする。これで、社員一人ひとりにコスト意識がまったく欠如していたことがはっきりわかる。

私は毎週のように現場に出て、具体的な事例を突破口に意識改革を迫った。一つひ

とつの削減額は大したものではないかもしれないが、会社全体の規模になると莫大《ばくだい》な金額になる。それが原価や経費の削減につながったのだ。

社員の意識も徐々に変わり、それが力になって利益を押し上げていった。その結果、創業以来、赤字とわずかな黒字のくり返しだったところが、たった一年で営業利益率が十二パーセントに跳ね上がったのだ。新製品も出ていない。社員も以前のままだ。何が変わったのかといえば、それは社員の意識だった。

その過程で私は何度も、「陰の極」までやったのかと問い直した。たとえてみるならば、重箱に入れたご飯をすべて食べたと思っても、よく見ると隅っこにまだご飯粒が三つほど残っている。それも見つけてすべて食べきる。それだけではまだ不十分で、さらにご飯のなくなった重箱にお湯を注いで飲む。それぐらい徹底してやり尽くしたのか、と問うたのだ。そこまでしなければ、「陰の極」にはならない。

もちろん、未来永劫《えいごう》それをやり続けるわけではない。しかし、これまで長い間赤字を続けてきた会社が黒字に転じるには、それぐらい徹底して初めて効果が出てくるものだ。あっというまに利益が出て、成功の喜びを一度でも味わうと、これまでの景色が一変する。そこで初めて意識が変わるのだ。

つまるところ、当たり前のことを当たり前にやっていれば、会社は自然に利益が出るものである。赤字を続けていたということは、当たり前のことができていなかったということだ。言い訳をいっさいせずに、当たり前のことができるようになれば、必ずや業績は上向いてくるのである。

私の好きな言葉に、「箸《はし》よく盤水《ばんすい》を回す」というものがある。盤水とは、盤すなわち丸い皿、たらいに入った水のことである。細い箸一本で盤水を回そうと思っても、最初は水を切るばかりで、いっこうに動かない。しかしあきらめてやめてしまったらそれまでである。

細い箸でも根気よく回し続けていくと、やがて水は大きな渦を描いて回っていくものである。これもまた、小さなことをたゆまず続けていけば、やがて大きなことをなしうるというたとえである。

大きな課題も「千切り」にすれば必ずできる

日本電産の創業以来、その成長を支えてきた〝三大経営手法〟のなかに「千切り経営」というものがある。

どんな困難な問題や大きな課題に直面しようとも、千に切り刻むように小さくして課題を抽出し、一つひとつ根気よく考えれば、必ず解決法が見つかる。解決できない問題はない、という意味である。

たとえば、重機でも運べないような大きな荷物を工場に移動させるにはどうしたらいいか。あまりの巨大さに途方に暮れる必要はない。どんなに大きなものでも小さく分解すれば手でも運べる。そして、工場の中で組み立てればよいわけだ。

あるとき、オリンピックのメダリストであるマラソンランナーに「四十二キロ余りの長い距離をよく走れますね」と尋ねたことがある。すると、その人はこう答えたのだ。

「いやいや、長い距離を走るのはとても苦痛です。だから、次の電柱まで行ったらやめよう、次の角を曲がったらやめようと、何十回、何百回とこうした思いで走り続けているのです。その結果、人より早くゴールインできたのです」

最初からゴールをめざして走っていると思っていた私には意外だったが、同時に、「なるほど」と合点のいく答えだった。

この「千切り経営」の応用として、日本電産では、目標を「行動用語」に落とし込むということを大切にしている。

目標を立てるとなると、たとえば「もっと知識を身につける」「チームのコミュニケーション向上をめざす」などといった漠然とした表現になりがちだ。しかし、このような目標では必ずといっていいほど実現しない。

なぜなら、その目標をどのようにして達成するかという道筋が、具体的に描かれていないからだ。

抽象的な目標をいくら掲げたところで、「心がけよう」といった精神論で終わってしまう。日々、目標到達に向けて、どの程度進行したのかを可視化してチェックすることができない。そこで、具体的な行動、すなわち「行動用語」に落とし込むことが大切になる。

知識を身につける具体的な方法はいろいろある。たとえば「一日一時間、寝る前に本を読む」、あるいは「セミナーを受講する」こともその一つだ。

チームのコミュニケーション向上にしてもそうだ。「毎月一回、メンバーを自宅に招いて食事をふるまう」「毎週一回、仕事以外のことで面談する」など具体的な行動を打ち出すことがポイントになる。

すなわち、目標達成という大きな課題への道筋をできるだけ小さく刻んで、一つひとつを確実に成しとげていくのだ。いきなり「山頂をめざせ」と発破をかけられても登山者は戸惑ってしまう。何合目かを示す道標を頼りに手堅く登っていけば、必ず頂に到達することができるのだ。

会社経営は、家計のやりくりと変わらない

経営というのはけっしてむずかしいものではない。家庭の主婦がやっているお金のやりくりがしっかりできるなら、会社の経営もできると思っている。これが、前述した〝三大経営手法〟の一つ、「家計簿経営」である。

たとえば、給料が三十万円としよう。このうち三万円を貯金に回す。将来のマイホームの頭金に充てるためだ。残り二十七万円で、食費や家賃、教育費など一カ月の家計をやりくりする。

けっして多くない給料でも、収入に見合った生活をすれば、三万円の貯金をしながら家計も健全化できるのだ。会社でいえば、売上三十万円で利益が三万円、利益率は十パーセントだ。

ところが、次の給料日が来る前にお金が足りなくなってしまった。さて、どうするか。ここからは、三大経営手法のもう一つである「井戸掘り経営」である。井戸から

水を汲《く》み上げるように、改善の「アイテム」を出していくのだ。

三万円の貯金は夢のマイホームの頭金にするための〝虎の子〟のお金だ。手をつけたくない。そこで、冷蔵庫にある食品類の在庫一掃の出番だ。野菜の残りや肉の切れ端、そして冷たいご飯……これらを材料にして焼き飯を作る。このように食費を切り詰めて、給料日まで乗り切る。

これらのことがしっかりできれば家計を守っていけるが、会社の場合も、どんなに規模が大きくなろうと、この基本は変わらない。

さて、不景気で残業が減り、給料が三十万円から二十七万円に下がってしまった。それでも、マイホーム実現のために三万円の貯金は続けたい。その場合はどうするか。支出を減らすしかない。しかし、子どもの将来を考えれば教育費には絶対に手をつけてはならない。

そこで、晩酌のビールを二本から一本に減らすか、大瓶を小瓶に変える。これまで酒屋で買っていたのを、会社の帰りにディスカウントショップで買うようにすれば、さらに節約になる。

ほかにも方法はある。これまではスーパーで天ぷらのお惣菜を買っていたのを、材料を買って家庭で揚げるようにする。お惣菜の天ぷらは百円だったが、これだと五十円の材料費で賄える。コストが二分の一になる。つまり、内製化だ。給料が下がっても三万円の貯金は続けたので、不景気にもかかわらず利益率は伸びる。

このように、状況に合わせて改善に向けたアイテムを探していくのが、「井戸掘り経営」である。水（アイテム）は地表からは見えないが、水脈は至るところに眠っている。掘り続ければ必ず水は出る。水が出るまで掘り続けるのだ。

そして、こうした改善アイテムは井戸水同様、汲み上げ続けると必ず出続ける。汲み続けることが大切である。

ここで注意しなければならないのは、教育費のように削ってはならない費用があるということだ。安易に手をつければ必ず将来に禍根を残す。会社の経営でもそれは同じで、どんなに大変な状況のなかでも削ってはいけないものがある。

ちょうどリーマン・ショックのとき、日本電産は滋賀県に研究拠点として、技術開発センターの新本館を建設中だった。長野県でも新工場を建てていた。工事費用が経営を圧迫することを心配した幹部が「会社も大変なときなので建設を中止したい」と許可を求めにきた。

私は「技術開発が今後の成長にどれだけ重要なのかがわからないのか。ほかでコスト削減を考えろ」と叱りつけた。建設により会社がつぶれるのなら話は別だが、そこまで至らないことはわかっていた。

その後、技術開発センターは期待どおりの成果を出し、リーマン・ショック後の成長を推進する力となったのだ。

学生時代の塾経営と株取引で学んだこと

前にも少し述べたが、私が初めて経営をしたのは高校生のときである。学習塾を運営していたのだ。中学二年のときに父親が亡くなってから、家は兄夫婦が仕切っていた。なんとか頼み込んで高校に行かせてもらったのはいいが、学費を出してもらっている手前、立場も弱く、家の手伝いなどをいろいろさせられる。これではかなわないと、自分でお金を稼ごうと考えたのだ。

おかげで、最盛期には当時の大卒の初任給のおよそ三倍ほどの月収を得ることができた。月謝が集まったときには近所の寿司屋に行って、好きなネタを好きなだけ食べた。また、通学用のオートバイも買うことができた。

このようにして世の高校生がもつことのできないほどのお金を手にすることができたのだが、そのお金を元手に高校一年のときから始めたのが株式投資だった。当時は資産となるといわれていた安定配当が見込める企業の株や、身近な企業の株に投資することから始めたのだ。

大学に入ると塾経営からは身を引き、手元のお金をすべて株式投資につぎ込んだ。ラジオで株式情報を聞いては、すぐに売り買いする。大学から下宿に戻るとすぐにイヤホンで株式情報を聞くのが日課になっていた。

それどころか、大学の授業を受けるときも片方の耳にイヤホンを突っ込んでは株式情報を聞いていた。株価が動くとすぐに対応しなければならないが、当時はいまのように携帯電話などもないし、大学には公衆電話もない。仕方がないので、教務部に飛び込んで電話を借り、「あの株を売ってくれ」などとやる。教務部長にも聞こえていたようだが、知らぬふりをしてくれていたらしい。

大学時代、私のあだ名は「カマボコ」だった。大学でも下宿でも勉強ばかりして、体を丸めて机に張りついているというのがその由来なのだが、私が「カマボコ」だった理由は勉強ばかりではない。株式情報を聞くためにイヤホンを入れているので、体を丸めて机にかじりついていたという理由も、多分にあるのだ。

社会人になった私は、さらに本格的に株式投資をするようになった。独立資金を稼ぐべく、信用取引でより大きな額を動かすようになっていったのだ。やがて、そのせいで痛い目にもあう。

当時の資産が一億円を超えていた私は、ある銘柄に目をつけて「空売り」をしかけた。しかし、その会社が新製品を出して株価が急上昇したのだ。私はやむなく買い戻すしかなく、けっきょく手元に残ったのは五百万円だった。

このことは、私にとって大きな教訓を残してくれた。すなわち、自分の資産を超える取引をしてはいけないということである。信用取引をするときには、必ずそれを裏づけるだけの資産をもっていないといけない。いざというときに、現物を買って補塡《ほてん》できるだけの資産をもたなければならないのだ。

私はこれで大損をしたわけだが、いまではそのことに深く感謝している。かりにこのとき一億円儲《もう》けていたとしたら、いまのような堅実な経営はできていなかっただろうと思うからだ。

ケチではダメ、めざすべきは「始末屋」

幼い頃、母親からよく「ケチではなく始末屋になりなさい」といわれたものだ。

「始末屋」とは京都でよく使われる言葉で、いらないところではお金は使わないが、必要な場面では惜しまずにお金を使う人のことをいうほめ言葉なのだ。つまり、金額の問題ではない。ムダなお金は一円も出さないが、必要なら百万円でも出すという意味だ。

ある古参幹部が亡くなり、通夜に参列したときの話だ。葬儀場に入るなり唖然《あぜん》となった。並べられた当社の供花が親族一同のそれよりも小さかったのだ。私は激怒して手配した担当者を叱り飛ばした。

「あれだけ会社に貢献していただいた方なのに、なんたることだ。亡くなった方の霊に申し訳ないではないか」

通夜まであと一時間ほどで新しい花が手配できないというので、できるかぎりの花をその籠に詰め込み、そして、葬儀のときにはいちばん大きい花を手配しろとすぐに命じた。最終的には、大きな供花が四つ並んだ。

いくら経費節減といっても、こういうところでケチになってはいけないのだ。始末とケチを混同してはならないのだ。

当社は日頃からムダなお金を使わないように徹底しているので、華やかな京都の街では「ケチな会社」と陰口を叩《たた》かれることもある。

しかし、いついかなるときに危機がやってくるかわからない。そのときに国は助けてくれない。銀行も手を貸してくれない。会社は自らの手で守るしか手立てはない。だから有事に備えて始末に徹し、ムダなお金を使わないことが大切なのだ。

ムダなお金を使わないということでは、私が経営の先輩としてその背中をずっと追いかけてきた、京セラの創業者である稲盛和夫さんから貴重な教えをいただいたことがある。私が京都一の高さを誇る本社ビルを完成させ、その竣工《しゅんこう》式に稲盛さんに来ていただいたときのことだ。

稲盛さんが中を見せてほしいといわれるので、社内をご案内していると、一つの植木の前で立ち止まった。そして「なぜこんなところに植木があるんだ」といわれる。

その植木は竣工式の記念にいただいたものだったので、そうお伝えすると、「もらったものだから飾っているというけれども、毎日この植木に水をやるのは誰なのか。枯れたときは誰が捨てるのか。そんなムダをしていたら、いつまでたっても京セラを抜くことはできませんよ」といわれた。その後、社内にある観葉植物をすべて人工樹木にしたのはいうまでもない。

いただいたものであっても、そこからコストが発生するかどうかなど考えもしなかった私に活を入れてくださったのだ。稲盛さんも、すばらしい「始末屋」なのである。あらためてその考えに触れて、うならされた出来事であった。

第5章

人を育てよ！
時代は
大きく変わる

型やぶりの入社試験がなぜ功を奏したのか

先にも述べたが、創業当時に苦労したことの一つに、人材採用の問題があった。会社を興《おこ》して数年の間は、新卒採用を計画しても、まったく人が集まらなかった。会社訪問の当日、十人ぐらいの学生には来てもらえるだろうと、十人ぶんの寿司を用意して待ったが、日が暮れても一人も現れず、夜になって社員たちで黙々と寿司をつついた苦い記憶もある。

そこで、考えた。一流大学で高等教育を受けた人材が来てくれないのなら、集まってくる人たちのなかから、見どころのある人材を発掘して、私たちの手で一から育てよう。学校の成績を度外視した採用試験で、磨けば宝石のように光る原石を探そう、と。

では、どのような人材が磨けば光る能力をもっているのか。私は、それまでの会社員生活を振り返り、「この人は仕事ができるな」と感じた上司や同僚たちの顔を思い浮かべながら、一つの結論に達した。

それは、声が大きく、出勤時間が早く、そして食事が早いという、三つの共通点があるということだ。


リーダーシップを発揮して、人をぐいぐい引っ張っていく人は声が大きいことが多い。相手の目を見て、自信に満ちた声ではっきりと話す。これに対して、声が小さい人は覇気が感じられず、頼りない傾向にある。

出勤時間が遅い人は、何事につけても仕事がルーズでミスも多くなりがちだ。逆に早く出勤する人には心にゆとりが生まれる。このゆとりが仕事の成否に大きく影響するのだ。将棋や囲碁の世界でも先手必勝というし、相撲でも立ち合いで勝負が決まる。先んずれば人を制す。ビジネスの世界も同じだ。

三つ目の食事の早さはどうか。これも一流の人間になるための条件といえる。何よりも早飯の人は仕事も早い傾向がある。競争社会を生き抜くためには、物事を早く処理できるということが重要なポイントだ。

さらに、食事が早いということは健康な証拠でもある。胃腸が丈夫でなければ早飯には耐えられない。いくら頭がよくても、しょっちゅう病気で休まれては戦力にならない。

このような発想から、まず行ったのが「大声試験」である。ある文章を学生に読ませて声が大きい順番に採用していくというもので、自信をもって堂々と読んでいるかどうかも選考の基準となった。

また、「早飯試験」も行った。仕出し弁当屋さんにスルメや煮干しをはじめ、よく噛《か》まないと飲み込めないようなおかずばかりを入れてほしいと注文し、この弁当を十分以内に食べた学生は全員合格と決めた。

同じように、マラソンを最後まで走りきった者から順に採用する、試験会場に早く来た者から順番に採用するなどといった型やぶりの採用試験で新卒者を採用して、世間のひんしゅくを大いに買ったものだ。

しかし、現在、日本電産グループの屋台骨を支えている人たちを見ると、このときに採用した人材がその後もすばらしい成果を挙げてくれていることがわかる。なかでも成果が挙がったのが「早飯試験」で、入社してからの仕事の成績と早飯試験の順位を比較してみると、ほぼ一致していたという後日談もある。

成功の条件は「頭のよさ」以外のところにある

以前のことだが、さまざまな業界で大きな成果を挙げている経営者十五人と、立て続けにそれぞれ一対一で食事をする機会があった。それによってあらためて、これまでの考えが間違っていなかったことを確認したのである。

十五人に共通していたのは、人一倍働くことを苦にしない。そして個性が強く、どちらかというと奇人・変人タイプ。そのうえ人が大好きで、時間があれば人と会っている、という三点だった。

そして、いずれの人も食べるのが早く、残さずに全部平らげていた。つまり、早飯なのだ。やはり早飯は成功の条件に違いないと、意を強くしたのである。

この十五人の経営者の特徴をみてもわかるように、実社会で成果を挙げていく人の条件は、いわゆる世間でいわれるような頭のよさだけではない。

私のこれまでの経験からしても、またこれまで入社した社員たちのデータをとってみても、仕事の優秀さは、卒業した学校のブランドや、そこでの成績ともまったくといっていいほど相関関係がなかった。


たとえば、こんなこともあった。先に述べたとおり新卒採用をするべく各大学に求人票を出したものの一人も集まらなかったのだが、その後、新聞に求人広告を打ったところ、六人の学生が応募してきた。そのうちの一人が、「パチンコなら誰にも負けない」という。聞けば大学の四年間、毎日パチンコに明け暮れ、月に十万円ほども稼いでいたそうだ。

私はそこで、「パチンコについて作文を書いてこい」という宿題を出した。原稿用紙二十五枚にわたって彼が書いてきた作文を読んで、私は舌を巻いた。パチンコのどんな台を選ぶべきか、釘の角度はどのぐらいがよいか、どんなコンディションでどうパチンコに臨むべきか、実に細かく考察がなされている。

大学の成績は惨憺《さんたん》たるものだったが、私は思い切って彼を採用することにした。はたして入社してから彼は大きな成果を収め、幹部として会社を支えてくれる人材に成長した。そして、レポートを書かせると群を抜いてうまい。

彼を採用したのは、その鋭い観察分析力と、学費をパチンコで稼ぐという気概、それから作文の巧みなことからだったが、学業の成績よりも「これだけは人に負けない」という何かをもっている人のほうが、いい仕事をするというよい例ではないかと思う。

会社員ながら破天荒を貫いた私の経歴

私自身も会社員時代を振り返ると、いわば「規格外」な社員であった。

職業訓練大学校を卒業した私は、恩師・見城尚志《たかし》先生の推薦で音響機器メーカーに就職したが、もとより年功序列の会社組織にはなじめなかった。

相手が上司であれ、先輩社員であれ、遠慮なく持論を述べ、主張してしまう。直属の上司に具申をしてもダメなら、その上の部長、さらには常務へとエスカレートしていった。そのうちに「頭は切れるが、協調性に欠けた変わり者」という評判がたち、社内で孤立を深めるようになるが、それでも一向に改めなかった。

なぜそんな大胆なふるまいができたのかというと、仕事に対する絶大な自信があったことに加え、個人的に始めていた株取引の副収入があり、経済的に余裕があったからだ。

ボーナスの査定が低くても、何とも思わなかった。むしろ、「オレは三十五歳で起業する。いつまでもお前らに使われるような男ではないのだ」と闘争心をかき立てられていったのだ。

当時、この会社の子会社が製造する高級テープレコーダー用のモータに不良品が多く、社内で問題になっていた。私は経営陣の指示で、子会社の本社がある長野県に出向いた。

そこで、とんでもないものを目にした。工場の裏にある梨畑にブルドーザーで大きな穴が掘られ、そこに不良品のモータが埋められていたのだ。こともあろうに証拠隠滅を図っていたのである。私も若く、正義感が強かったので、東京に戻り、そのことを社長に直訴した。すると社長は、こういうのだ。

「永守君、それぐらいは目をつぶってくれ。いまうちの会社は儲《もう》かっているんだ、心配するな」

すかさず、私はこういった。

「解決策があります。私を子会社の社長か工場長にしてください。必ず解決してみせます」

社長は目を見開いて驚いた顔をしながら、「君はまだ入社二年目じゃないか。十年早いぞ」といった。

社長のこの二つの言葉を聞いて、この会社の前途は明るくないと思った。このような考え方をする経営者の会社は、うまくいくはずがないと思ったのだ。

すべてにおいてこんな具合で、その後もいたるところで直属の上司と衝突し、ついに辞表を提出する事態になった。社長は私の実力を高く評価してくれていて、「絶対に認めない」といって、職業訓練大学校の学長まで引っ張り出して、引き止めにかかった。

社長は「上司とうまくいかないのなら、お前のために新しい部署をつくってやる」とまでいってくれ、私は新設の開発室の室長代行として、モータ開発の責任者のポストに就いたが、半年も続かなかった。

最初の会社は、入社して三年後に退職。それからもう一つの会社に勤めたのちに独立、二十八歳で日本電産を立ち上げることになる。以前から私は三十五歳で起業するために経営のノウハウを学ぶ計画を立てていたが、結果的には計画よりも七年も早い独立となったのだ。

これからはEQの高さが求められる

これまでの日本社会では、どちらかといえば偏差値の高い高学歴の人材が重用されてきた。しかし、グローバル社会の到来とともに、その流れは根底から崩れ去っている。IQ（知能指数）値によって表される優秀さよりも、EQ（感情指数）値の高さが求められるようになってきたのだ。

EQの高さとはどういうものか。人間としての総合的な知性と感性の豊かさ——すなわち、どんなに苦しくとも己を励まし、情熱・熱意・執念で困難に立ち向かう能力。他人の苦しみを深く読み取り、人心を束ねる能力。また、いかなる風雪にも耐え得る強い心ともいえる。

もちろん、それらは一朝一夕に身につくものではない。しかし、筋肉と同様、鍛えれば鍛えるほど、どんどん伸ばせるのがEQだ。

IQは、もって生まれたものが大部分だが、EQは努力次第でとてつもない差がついてくる。自分の進む方向をしっかりと見据えて努力を重ねれば、誰もが一番になれる時代が到来したのだ。

また、ＡＩ（人工知能）時代の到来で、ＥＱ値が高い人材への期待は、ますます高まっていくだろう。ＡＩやロボットの登場で、人が行っている仕事の約半数は取って代わられるという。その場合、人間にしかできない仕事の特徴として挙げられているのが、創造性や共感性、それに非定型性だ。

高度に複雑化した社会では、他者への共感や理解、説得や交渉といった、複雑で臨機応変な対応が求められる場面が増えてくる。これこそ、まさにＥＱが本領を発揮する分野といえる。

ＡＩだけで物事が決まっていくと、社会は砂漠の中で暮らしているような殺伐とした雰囲気に覆われる。そこに潤いを与えてくれるのが、ＥＱの力だ。どのような社会にあっても、泣いたり、笑ったりする人間の喜怒哀楽をおろそかにしてはならない。

人間としての器を大きくする、こんな方法

それでは、ＥＱを高めるために大切なこととは何だろうか。まず成功体験をもつことである。自ら計画した仕事をやりとげたとき、人は身が震えるほどの感動を味わう。そうした体験の積み重ねがＥＱを高めることにつながってくるのだ。

そしてもう一つは、苦しみを乗り越えることである。いくら目標を達成しても、それが誰でもクリアできる低いハードルだったら、感動など湧いてこない。高いハードルを前に、逆境に苦しみながらもそれを乗り越えたときにこそ、深い喜びが味わえるものだ。そうした体験の積み重ねが、感性を磨くことにつながるのだ。

ＥＱとはまた「人間力」といい換えてもよい。人間力を高めるとは、人間としての「器」を大きくしていくことでもある。

必死に努力を重ねることで、人としての器は大きくなっていく。それまでがたとえば一升枡《ます》であったなら、それを二升枡、三升枡に変えていく。それにはもちろんのこ

と、ある程度の時間がかかる。

そのためには、挫折をしたり、壁にぶち当たったりしながら、そこから学ぶことが必要だろう。たくさん本を読んで学ぶことも必要だろう。また多くの人に会うことも器を大きくすることにつながる。自分よりも一回りも二回りも大きい、三升枡の人に会って、自分と何が違うのかじっくり観察し、考察することが大きな学びになる。

一升枡のままでは一升しか入らない。より大きな仕事をするのであれば、その仕事の大きさに応じた自分の「器」をつくらなければならない。器の中には、余裕もなくてはならない。「忙しい、忙しい」と口ぐせのようにいう人が多いが、余裕というものは、自らの工夫で創《つく》り出すものだ。その器の中に何を入れるかなのである。

仕事もする、ゴルフもする、毎晩飲み歩いてカラオケもするとなれば、あっというまに器がいっぱいになってしまう。仕事の器を大きくしようと思ったら、ムダなことはやめて、仕事に集中しなければ器を大きくすることはできない。

ただ、本当に大切なことはしっかりと行っていかなければならない。たとえば、手紙だ。世の中では、超多忙な人ほど自筆で手紙を書く。贈り物をしたときに、ふつうは秘書に代筆させて印刷されたハガキが返ってくることが多いが、世の中で超多忙といわれている人ほど、すぐに自筆で御礼の手紙が返ってくる。

だから当社の役員には、何かお祝いをもらったときには、必ず自筆で御礼の手紙を書くようにいっている。そうしたことの積み重ねが、人間的な器を大きくすることにつながるのだ。

すべてが「自分ごと」になると、人生が変わる

人としての「器」を大きくするということは、自分のまわりに起きる出来事を「自分ごと」ととらえ、責任をもつということでもある。それはこれまで再三述べてきたようにEQを高めることにも通じる。周囲のことに関心をもち、気配りを忘れず、できるかぎりのことをしていくことである。

私の会社に入ってくる中途採用者のなかには、前の会社が倒産したという者も多い。そういう人たちに「なぜ前の会社はつぶれたのか？」と聞いてみると、たいてい次のような答えが返ってくるものだ。

「社長が女をつくって経営そっちのけで遊びまわっていた。いつも出社するのは十一時ぐらいだった」

「社長が美術品の収集に夢中になって、会社の金をつぎ込んでいた」

要するに、倒産の原因は経営者や幹部にあると思っていて、責任の一端が自分にあることに気づいていないのである。

そういう人に、「では、あなたは何時に出社していたのか」と聞いてみると、「九時には行っていた」という。「会社は何時から始まるのか」と聞けば、「いちおう、八時半からです」と答える。これでは、お話にならない。

もちろん、社長の責任もあるだろう。あるいは、その会社の部長や課長も出勤は遅かったのかもしれない。しかし、自分が九時に出社していることも倒産の原因の一端を担っていることには、気がついていないのだ。

社長がお金にだらしがなかったといった者には「君は前の会社では何の仕事をしていたのか」と聞いてみる。「購買部にいて、おもにベアリングなどの部品を担当していました」

そこで、私は「参考までに」と前置きして、「そのベアリングはいくらで買っていたのか」と聞いてみる。相手がたとえば「百三円です。月に十万個ほどは買っていて、だいぶ安く買っていました」と自信満々に答えたら、すぐに購買部長を呼び、同じものをいくらで買っているのかを聞きただす。

「うちは八十三円で買っていますが、七十八円にしろと交渉中です」

それを聞くと、これまで威勢のよかった中途採用者がしだいに縮こまってくる。そこで懇々と、倒産の原因が自分の意識の低さにもあったことを説いていくのである。

倒産した会社に共通しているのは、経営トップも含めて、責任をとろうとする人間がいないことである。それは、困難から目をそらして、正面から対することを怠っているということでもある。

「自分のせいではない」

「いまは円高だからどうしようもない」

「人が足りないので無理だ」

人はとかくこのような泣き言や言い訳をいって、困難から逃げようとするものだ。

しかし、困難から目をそらすということは、その解決策からも遠ざかることになる。

なぜなら、困難は必ず解決策とともにやってくるからだ。だから、この手でつかむまで、逃げてはならない。その努力をやめさえしなければ、克服できるのだ。

どんな困難に直面しようとも、それを「自分ごと」として受け止め、対処していくときに、人は強さを身につけ、人間的にも成長するものである。

そのためには、「泣かない・逃げない・やめない」という三つのことを、いかなる場合でも貫くことだ。何があっても泣き言をいわず、逃げず、できるまでやめない。その「三ない主義」を貫く精神力を身につけることである。

人間とは弱き生きものだ。苦しみはできるだけ避けて快楽を求めがちだ。しかし、楽を追えば、楽は逃げていく。苦から逃げれば、苦が追いかけてくる。苦しみと向き合うことで、初めて楽を得ることができるのだ。

なぜ、いま「人を育てる」ことに力を注ぐのか

先にもふれたが、現在私が情熱を注いでいるのが「人を育てること」――すなわち、教育改革である。

グローバル社会において、年々その地位を下げつつある日本の将来を私は本気で懸念している。このまま手をこまねいていては、日本のさらなる地盤沈下は避けられないであろう。この流れを止め、日本に再び活力ある社会を取り戻していくためには、世界に通用する実践力を身につけた若者の育成が急務だと考えているからだ。

一方、若者たちにとっても、現状での日本の大学教育を終えただけでは海外の若者に比べてあまりにも実力差がありすぎ、グローバル社会のなかでは活躍の場がかぎられてしまう。その責任は、私たち大人が負っているのだ。

そうしたことから、私は二〇一八年に京都学園大学の経営を引き継いで運営法人の理事長に就任し、翌二〇一九年には京都先端科学大学と名称も改め、本格的に大学教育の改革に乗り出した。

ここからは、大学運営にかける私の思いと、社会が求める新しい人材像について述べていきたい。

大学運営に乗り出そうと思ったそもそものきっかけは、モータ技術者の人材不足にあった。募集をかけても大学でモータを学んだ学生そのものが少ない。そのうえ、採用しても二、三年かけて、ビジネスの〝いろは〟から教え込まなければ戦力にならない。これでは、モータが「産業のコメ」になるという時代に、グローバル競争に勝てない。

ＡＩ（人工知能）の技術者もそうだ。いまになって人材不足が問題化しているが、以前から予測されていた。その二の舞にならないよう、私財を投じて自分で大学をつくって、モータの技術者を育成しよう、ということになったのだ。

しかし、進めていくうちに、現在の大学教育の欠陥が次々と浮かび上がってきた。大学はいままで、企業や社会がどんな人材を求めているかも考えずに、大学側の都合に合わせた教育の仕方で卒業生を社会に送り出してきた。これが企業であれば、顧客が求めているものを供給できなかったらビジネスは成り立たない。大学も本来、そうあるべきなのだ。

大学側は、顧客である我々企業家が満足するような卒業生を自信をもって送り出してきたか。胸に手を当ててよく考えてほしい。このような状況を見過ごしてきた国も同罪である。

企業や社会が求めている人材とはどのようなものかといえば、自らの力で課題を見つけ、解決の道筋を探り、それを実践する力を身につけた即戦力の人材である。

ところが、日本の大学教育の現状をみると、こうした力を磨くことにはなっていない。学生の多くは子どもの頃から塾に通い、偏差値の高い大学をめざして受験勉強に明け暮れてようやく大学に入ってくるのに、そこで得られる教育が現在のようなものでは、これからの変化の時代に対応する武器を身につけないまま社会に出ることになってしまう。

一方、教える側の問題点についていえば、教授は教壇に立って、古い講義ノートを広げて、何年も同じような講義をしているケースも少なくない。学生たちはただ試験に備えて、それを一方的に聴いているだけだ。

このような講義の連続では、自分でものを考えるという習慣をもたない〝指示待ち族〟が社会に巣立つのも無理はない。

このような旧来の大学教育に風穴を開けていく。企業や社会が求めている人材像と、実際に大学で行われている教育との乖離《かいり》を埋めていくのが、めざす人材革命の眼目だ。

まだ緒についたばかりだが、すでにこれまでの大学教育にはない取り組みを進めている。

グローバル社会で活躍できる人材を育てるために

なぜ私が大学改革にそこまで情熱を注ぎ込むのか。これまで経営者としてさまざまな人材を見てきて、思うところが大きかったからである。社会人になってからも教育するのは当然のことだが、有能な若者を社会に送り出すためには、大学教育に風穴を開ける必要があると痛感したからだ。

つねづね、人間には三つのタイプがあると考えている。自分で燃える人（自燃型）と他人の火をもらって燃える人（他燃型）、そして、まったく燃えない人（不燃型）の三つだ。

自らに目標を課し、それに向けてひたすら前進できる人が自燃型。いわば、自分でマッチをすって、燃え上がることができる貴重なタイプだ。世の中には百人に三人ほどしかいないだろう。ほとんどの人は他燃型だ。自分ではマッチを持っていない。まわりの人の火をもらって燃えるのだ。八十パーセントがこの他燃型に属する。

そして、残りの十七パーセントが不燃型人間だ。まわりが燃え盛っても、少し温度が上がる程度で、火は燃え移らない。これが始末に悪い。このタイプが二十パーセントを超えると組織はつぶれる。企業だったら赤字は必至だ。だから私は、不燃型の人をいかに十パーセント以下に抑えるかということに、これまで知恵を絞ってきた。

とくに若い人には、自燃型でなくても、少なくともほかの人が火をつけたら燃える他燃型の人間であってほしい。

ところが、最近の新入社員をみると、熱量が伝わってこない者が多い。将来の夢を聞いても、課長ぐらいまで出世したら十分です、と欲がなかったり、なかには出世なんてどうでもいいです、偉くなんかなりたくないです、といい出す者もいる。

そのうえ、上司の指示がなければ動かないし、動けない。自ら考えて行動することができないのだ。このことは東大、京大といった、いわゆるブランド大学出身者も同じだ。

創業期は名もない大学の卒業生しか入社してこなかったが、会社が成長するにつれ、偏差値が高い有名大学の卒業生も次々に入ってくるようになった。彼らの手腕に大いに期待をしたのだが、すぐに失望に変わった。

そもそも、「これだけは誰にも負けない」という専門分野をもっていない。英語もしゃべれない。礼儀作法も知らなければ、社会的な常識にも欠けている。したがって、入社後に一から教え込まなければ戦力にならないのだ。これでは、成長著しい中国や東南アジア諸国との熾烈《しれつ》な国際競争に勝てるはずがない。

原因は一言でいえば、偏差値教育である。小学生から塾に通い、あらかじめ決められた答えを誰よりも早く発見するような受験テクニックばかりを身につけてきた〝ツケ〟が回ってきたわけだ。未知の問題には答えを出せないのだ。

そのような教育ばかりを受けてきた若者たちもかわいそうである。自分の手で輝かしい未来を切り拓いていく、ワクワクした人生を送るチャンスを与えてあげたい。

そこで私は考えた。国や既存の大学に期待できないのであれば、己の力で理想の大学を創ってやろうではないか、と。私が大学経営に情熱を注ぐようになったのは、このような経緯からだ。

「日本電産グループの成長・発展に心血を注いできた創業者が、いまさらなぜ大学経営なのか」。そういって驚く人もいるが、私にとっては必然の流れなのだ。

タイミングもちょうどいい。冒頭に述べたとおり、創業から半世紀、全身全霊を捧《ささ》げてきたＣＥＯ（最高経営責任者）の地位を、信頼できる後進に譲ることができた。もちろん代表取締役会長として、今後も日本電産のさらなる発展に力を注いでいくことはいうまでもないが、これからの後半生は心置きなく、グローバル競争を生き抜く有為な若者を世に送り出すため、すなわち、「人材革命」のために、ありあまる情熱を傾注する決意である。

すぐに踏み出した教育改革への第一歩

自らの手で世界に通用する理想の大学を創ろう――熱い思いの火がともると、すぐに私は動き出した。

前述したように、当初描いていた青写真は、モータ工学に特化した単科大学の設立構想であった。全寮制で学費は無料。モータに関心を抱いている若者を鍛え上げ、グローバル競争に打ち勝つ人材を育成するのが狙いだ。優秀な学生は卒業後、即戦力として日本電産に採用することも考えていた。

モータやその関連分野ですぐれた研究者を顕彰・助成する「永守財団」を設立したのも、世界中の研究者とネットワークを築き、大学に招聘《しょうへい》するためのルートづくりでもあったのだ。

ところが、準備を進めていくうちに、壁にぶち当たった。大学設立の手続きは煩雑で、想像以上に時間がかかることがわかったのだ。中国をはじめ、アジア諸国・地域の躍進を考えると、悠長に構えてはいられない。そのようなときに、旧知の間柄である京都学園大学の理事長から一つの提案があった。二〇一六年十二月のことである。

「理想の大学づくりをめざしているのなら、わが大学を使ってはもらえないか」と。

当時の京都学園大学はけっして経営が行き詰まっていたわけではないのだが、これから急速に進む少子化のなかで、将来の大学を取り巻く環境と今後の大学運営に強い懸念を抱いていたのだ。


私はこの提案を即座に受諾した。なるほど、大学を一からつくっていたら、時間もコストもかかる。もともとある大学を改革するほうが、はるかに効率よく理想の大学を実現できるだろう。日本電産がお家芸とするM＆Aの経営手法を、大学改革でも活用しようと考えたわけだ。

それから一カ月後、私は初めて京都学園大学のキャンパスを訪れた。そして、衝撃を受けたのだ。

講義中にもかかわらず、寝ている学生もいれば、後ろの席では学生同士が私語を交わしたり、スマートフォンをいじったりしている。身を入れて講義を聴いている者は、ごくわずかだ。教壇に立つ先生は、そんなことにはおかまいなく、板書をしながら淡々と講義ノートを読んでいる。

これで大学の講義といえるのか。あとで先生に問いただすと、「学生のレベルが低いからです」とあきらめ顔だ。それに対して、私はこういった。「それは間違っている。先生の教え方が悪いからだ。古い講義ノートを使って、ただ板書して教えるだけ。講義がつまらないからだ」と。

目下の急務は教職員の意識改革にあることを、そのとき痛感した。それは、多くのM&Aを手がけ、経営危機に陥った企業を再生してきた経営者としての直感だった。日本電産が手がけたM&Aの特徴は、経営陣の入れ替えや人員整理には、絶対に手を出さないことにある。なぜならば、意識改革さえできれば、敗者が勝者としてよみがえることを確信しているからだ。大学にも同じことが必要だと痛感したのである。

正式に理事長に就任するのが一年後と決まってから、私はすぐに教職員の意識改革に着手した。日本電産の幹部の一人に声をかけ、非常勤の理事として一年前倒しで大学に入ってもらい、改革に向けての課題を洗い出すよう指示した。

食事をしながらの懇談会が効果的な理由

そして私が行ったのは、食事をしながらの懇談会である。十五人から二十人の少人数ごとにメンバーを集め、ポケットマネーで昼食懇談会を何度も開いたのだ。対象は教員、幹部はもとより、一般職員までの全教職員に及んだ。月に一回以上は大学で懇談会を開き、教職員と直に顔を合わせる機会をつくった。

ちなみに、食事をしながら意見を吸い上げ、またこちらの仕事に対する信念や理念を伝えるというこの方法は、M&Aで傘下に収めた企業の意識改革のために行ってきたことでもある。これが、絶大な威力を発揮したのだ。

以前に資本提携した会社の社員とは毎回二十人程度が参加する昼食会を、課長職以上の管理職とは夕食会を、それぞれ開いた。食事を一緒にしたり一杯飲んで話をしたりすると、本音がどんどん出てくるものだ。どんな質問でも受け、問題があれば、すべて解決した。こうして社員の考え方のベクトルを、一つの方向にまとめていったのだ。

一年間で開いた昼食会は五十回を超え、参加社員は千人以上にのぼった。管理職との夕食会も二十回以上を数え、三百人以上の幹部が参加した。その結果、わずか一年で二百億円も収益が改善され、黒字転換を達成したのだ。

このとき留意すべきことは、あくまでもポケットマネーでおごるということだ。会社の経費を使って「今日は会社の金だからどんどん食べて飲もう」といったところで、部下は「しょせんは会社の金じゃないか」と思って、心に響かない。前述の会社のケースでは、ポケットマネーで二千万円の予算を組んだ。

寿司をつまみながら、「今日は私のポケットマネーだから、トロばかり食べるなよ」と冗談をいって心を通わせる。「親分と子分」の絆《きずな》は、そんな具合に身銭を切ることで初めて深まるものである。

思い起こせば、その原点は子どもの頃にある。仲間をつくるために、よくおやつの「かきもち」を分け与えたものだった。きょうだいが多かった私は、家に戻ると十枚ほどのかきもちが置いてある。そのかきもちを仲間に配るのだ。十人いるときには一人に一枚ずつ配るし、二十人いたら、半分ずつ分ける。また地元の相撲大会で優勝したときは、賞品のスイカを子分たちと一緒に食べた。そんなことを重ねるうち、仲間の絆はいちだんと強まった。

日本電産を創業する前、サラリーマンをしているときも、給料をもらうと、まず部下や後輩たちにご飯を食べさせた。その後、彼らのなかから日本電産を支える幹部が育っていった。ともに食事をすることで心を通わせるということを、私は子どもの頃からの体験で学んでいったのである。

少々話がそれたが、大学の教職員と行った食事をしながらの懇談会で、私は大学改革にかける思いや、そのためにこの大学をどのように変革したいのかを、くり返し語った。教職員からも質問や意見を出してもらった。

すると、回を重ねるごとに、教職員たちの意識も徐々に変わっていった。変革に向けて、ベクトルが一つの方向にまとまるようになったのだ。

コイの群れに放たれる〝ナマズ〟になれるか

また、理事長就任が決まってから時間を見つけては、こっそり大学の授業を見学する機会もつくるようにした。そのときには多少の奇策も弄する。

私が見学するとなると、大学側が用意する視察コースは模範的な授業ばかりだ。しかし、私は「ちょっとトイレに」といってコースを外れ、見知らぬ教室に忍び込む。そして、いちばん後ろの席に座るのだ。私語を交わしていた学生たちは、突然、私が姿を現すのでびっくりする。しかし、それより驚くのは漫然と講義をしていた教員だ。

こうして、いつ、どこの教室に出現するかわからないのだから、学生にも教員にもつねに緊張感が保たれる。まさに、それが狙いなのだ。

コイの群れにナマズを入れるという逸話がある。

フランスのベルサイユ宮殿の庭には大きな池があり、美しいコイが優雅に泳いでいたが、ある日、鳥に食べられてしまった。そこで、コイを守るために網を設置したところ、安心したコイは泳がなくなり、岩陰にじっとして、ただ餌を待つだけになってしまった。すると、みるみるうちに醜く太ってしまったのだ。

以前のように美しい姿のコイにしようと試行錯誤した結果、ある方法がもっとも効果を挙げたという。それこそが、コイの天敵であるナマズを一匹、池に放つことだった。すると、コイはいつ襲って来るかわからないナマズを警戒して、必死に泳ぐようになり、かつての優雅な姿を取り戻したという話だ。

これは、人間の組織にもそのままあてはまる。組織の活性化を維持するためには、つねに緊張感が必要なのだ。ぬるま湯に浸かっていると、危機が訪れたときには手遅れになってしまう。

要するに、私自身が、コイの群れに放たれたナマズの役目を演じているわけである。

その効果は着実に現れた。以前は教室の後ろにばかりいた学生も、前の席に座って授業に集中するようになり、それに応えて、授業の内容も濃密になっていった。

まず学生たちに気概と自信を取り戻すこと

二〇一八年三月、私は正式に京都学園大学を運営する法人の理事長に就任し、翌年四月には、大学の名称も「京都先端科学大学」に変更した。これが意味するところは、たんに大学の名前が変わったということではない。まったく新しい大学を創ることを内外に宣言したのである。

新しい大学がめざしているものとは何か。それは、専門性と実践的な英語力に加えて、「グローバル社会人基礎能力」、すなわちコミュニケーション能力、チームワーク、リーダーシップなど多様な社会をたくましく生き抜くためのスキルを身につけた人材の育成である。大学改革の先駆者として、そのような有為な人材を世に送り出し、世界に通用する一流の大学をめざすのである。

大学の〝主役〟はあくまでも学生である。学生自身の意識が変わらなければ、めざす大学改革は達成できない。よい教育を行うためのカリキュラムや施設を整備することも大切だが、何より学生たち自身が気概とやる気をもたなければならない。

学生のなかには、第一志望の大学受験に失敗して、落ち込んでいる者もいる。人生百年時代に、わずか十八歳で自分のことを「負け犬だ」といって投げやりになるのは、もったいないではないか。私はできるだけ機会をつくっては、自信を失っている学生らに次のように語りかけた。

――君たちは実にいい時代に生まれてきた。これまでの日本社会は、二十年勤めないと課長に昇進できないといった「年功序列」の大きな壁があった。一方、一流の大学を出て有名企業に入れば、それなりに安泰な人生を送ることができたわけだ。しかし、それは昔の話だ。いまや、実力がものをいう時代が到来したのだ。まさにチャンスだ。

そこで求められるのが「3P」だ。指示待ちではなく、自ら考えて行動すること

(Proactive)。そのためには、自分の専門能力を向上させ(Professional)、生産性を上げる(Productive)ことが重要になってくる。この大学でぜひこの3Pを身につけようではないか――

残念なことに、日本人はこの3Pが実に弱い。子どもの頃から親や先生のいうことを素直に聞き、会社に入れば上司の指示に従う。職場もさまざまな部署をぐるぐる異動し、何でも広く浅くこなす人間を育ててきた。専門性が磨かれてこなかったのだ。

生産性をみても、ドイツに比べて二分の一程度しかない。いまだに「紙とえんぴつ」の世界に生きている。これからの社会は、単純作業はAIやロボットが請け負うので、指示待ち族の月給はせいぜい十万円だという声もあるぐらいだ。

3Pのうち、もっとも大切なのは、最初の「自ら考えて行動すること」である。これからの乱世は、他人や世間に追随していたら生きていけない。型にはまらない「とんがり人材」が求められているのだ。

私が尊敬する経営者であるオムロンの立石一真さんや京セラの稲盛和夫さんのような創業者は「とんがり人材」の典型だろう。私もその一人だと思っている。そういった可能性を秘めた人材を世界に通用する即戦力にするべく鍛え、育てていくのが、これからの私の使命だと思っている。

そうした「とんがり人材」を育成する理想の教育を実現するには、どうすればよいか――その思いから、いくつかの取り組みを始めている。

一つは、「中高大一貫教育」である。いまの日本の教育体系のなかで理想の教育を実現するには、大学の四年間だけでは不十分ではないかという思いから、二〇二一年四月に京都学園中学校、高等学校を運営する法人を合併し、附属中学高校とした。

中高大一貫教育にこそ、私が求める答えがあるかもしれないと思ったからである。今後、現場の実態を踏まえながら、教育のあり方の実験場として、新しい教育システムを模索していきたいと考えている。

さらに二〇二二年より京都先端科学大学に設置する〝ビジネススクール〟「大学院経営学研究科経営管理専攻（ＭＢＡ）プログラム」である。これまで述べてきたように、これからの大学教育に求められるのは、社会に出てすぐに活躍できる「世界水準の実践力」が備わった人材づくりである。

これからは〝ＶＵＣＡ〟の時代だといわれている。ＶＵＣＡとは、「Volatility＝変動性」「Uncertainty＝不確実性」「Complexity＝複雑性」「Ambiguity＝曖昧性」の略である。すなわち目まぐるしく環境が変化し、将来の予測が困難になる時代が到来するのである。

そうしたなかで、世界の状況変化を読み解きながら柔軟に対応できる「自立的な経営力」をもった学生を育てるために、経営の現場で使える知識や知恵、思考法などを身につけてもらう〝実践知の道場〟にしたい。理事長である私自身ももちろん、教壇に立つつもりである。

国際社会では〝雑談力〟がものをいう

日本人のコミュニケーション能力でいちばん不足しているのは何かと尋ねられたら、それは「雑談力」であると断言できる。世界を飛び回り、多くのビジネスパーソンと接していて、そのことを痛感する。

どの国の人に会っても、日本人ほどおもしろくない国民はいないという声を聞くのだ。日本人は仕事は優秀でビジネスの話は饒舌《じょうぜつ》だが、食事に行っても仕事の話しかできない。おもしろ味がないというわけだ。

そもそも雑談力とは何か。雑談することでビジネスにおいて力を発揮できるのだろうか、と疑問に思う人もいるだろう。私は次のように考える。人の心をつかみ、本音を引き出し、互いの距離を縮め、人間関係を円滑にする力。リーダーシップを鍛え、チームワークを築くうえで必須の能力。それが、雑談力である。

顧客との商談を頭に浮かべてほしい。いきなり本題から入ったところで、うまく進まない。相手の人間性がよくわからないうちは、けっして心を開かないからだ。それが人間の性《さが》である。

そこで、相手が興味をもっている話題で警戒心をほぐしていく。心が通い始めたら、しめたもの。あとは本題についてくわしく説明しなくても、自然に物事が運んでいくものだ。雑談のでき具合で、話し手の人間性の幅が試されているとでもいえようか。

たかが雑談と思うかもしれないが、雑談をして笑いをとったり、相手を心地よい気持ちにさせるには、仕事の話ばかりではなく、自国の歴史や文化、芸術、文学、古典芸能など、幅広い教養も身につけていなくてはならない。

仕事一辺倒の生活をしていると、幅広い知識や教養などつける余裕もない。それでは、仕事はできてもおもしろ味のない人間だという印象しかもたれない。

ロシアで商談に臨んだときのことだった。「仕事の話は明日にして、今日は一緒に食事をしよう」ということになり、円卓を囲んだ。その場では、おいしい料理をウォッカとともにご馳走《ちそう》になりながら、一人ずつ小話をするのだ。数分の間にオチまでつけて、聞いている人を爆笑させなくてはならない。

その場で笑いがとれれば、翌日の商談で「おもしろい。注文数を二割アップだ」となる。だから、侮ってはならない。円卓でそこそこの人数がいるとはいえ、それでもたいがい五回ぐらいは順番が回ってくるから、おもしろい話をあらかじめ十ぐらいは仕込んでおく必要があるのだ。

雑談力を鍛えるためにはどのようにしたらよいのか。まずは相手が興味をもっている話から入るのがよい。そのためには、相手のことを事前に取材しておく必要がある。たとえば、がんで闘病中の奥さんをもつ人に安易にがんの話をしたら、それだけでアウトだ。雑談のための引き出しをたくさん準備し、相手に合わせて選んでいくのだ。

私は幼い頃から、いろいろなことに興味をもっていて、何でも質問しては、母親を困らせていた。そのおかげでいまは、引き出しに雑談のネタがいっぱい詰まっている。

あとは、会話の合間に「ほーっ」という感心、「えーっ」という驚き、そして、「ははっ」という笑いを織り交ぜて、相手の心を解きほぐしていく。そうすれば対話がより豊かになることは間違いない。

雑談力は、トップに立つほど求められる。アメリカではトップの訓示は五分から十分に一回は笑いをとらなければならない。それに比べて日本の場合のお粗末さ。会社の会議は退屈で三分で眠たくなる。そもそも、大臣の国会答弁も官僚がつくった文章を棒読みするだけ。自分の言葉で語らないので、まったく心に響かない。

私は、理事長をしている大学の入学式の式辞でも、原稿なしで臨む。学生の顔を見ながら、「つまらなそうな顔をしているな」と思ったら、おもしろい話を入れて、最後まで関心を引きつけるように心がけている。

どんな場面でも、それなりにおもしろいと思わせる話をするには、日頃からアンテナを張りめぐらして話題のネタ探しを心がけ、雑談力を磨く習慣をつけていくことが必要なのだ。

アメリカのトランプ大統領（当時）が来日したときのこと。私を含めて二十人ほどの財界人が懇談会に招待され、それぞれ自己紹介を兼ねてスピーチをしたことがある。

そこで私は、「戦後、ものがないときにアメリカからいただいた粉ミルクを飲んで育ちました」と始めた。「臭い、臭い」といって誰も飲まないので、みんなのぶんまで飲んで、こんなに大きくなりました。だから、将来はご恩返しにアメリカで商売をしようと思い、その夢が実現しました、と。こんな話を満座の笑いを誘いながら、二十五分間も一気に話した。

ほかの人はほとんどが真面目にビジネスの話をしていたから、いっそう目立ったのだろう。トランプ大統領が私のスピーチを聞いて「こんな日本人もいるのか」と感心していた、という話をあとから聞いた。

「実践的英語」は世界共通インフラになる

また、とくに若い人に鍛えてほしいのがディベートの力だ。自分の考えを筋道立てて、人前で堂々と主張する力がそれである。日本人は議論が苦手で交渉下手という、不名誉な評価が定着しているのは情けないかぎりだ。グローバル競争を勝ち抜くためにも、ディベート力は必須な能力である。

欧米では若い頃からディベート力を育成する教育が充実しているが、残念ながら日本ではほとんどみられない。そもそも、大学の先生自身がディベート力をもっていないのだ。わが大学では、英語力とともに、この分野にも力を入れるようにスタッフに指示している。

雑談力、ディベート力をはじめとしたコミュニケーション能力全般に関わってくるのが「英語」である。それも、たんに読み書きができるだけではなく、世界中の人々と巧みにコミュニケーションがとれる英語力を身につけてもらわなければならない。世界水準の実践力を備えた若者を育てるために力を入れるのが、「実践的な英語力」なのである。

残念ながら、日本の若者はこの力が劣っている。英語での「読み」「書き」能力は受験英語でそれなりに鍛えられている。しかし、英会話となると一流大学出身者でも心もとない。ＴＯＥＩＣの点数もかなり低いのが現実だ。

しかし、グローバル企業では、世界共通語ともいえる英語力は最低限のスキルである。いわば運転免許証のようなものだ。

世界中でビジネスを展開する日本電産では、「来月からアメリカに行ってくれるか」とか、「ポーランドに出張して、現地の工場を視察してきてほしい」などという指示は、日常の風景だ。そのとき、「わかりました」と即座に答えることができなければ、話にならない。社会人になってから英会話を学ぶようでは世界競争に打ち勝つことはできないのだ。

この実践的な英語力を、どのようにして学生時代に身につけるかだ。

そこで京都先端科学大学工学部が導入したのがＥＭＩ（English-Medium Instruction）である。教員は英語で授業を行い、学生との質疑応答や議論もすべて英語。もちろん、テキストや資料も英語である。すなわち、「英語を学ぶ」のではなく、「英語で学ぶ」のである。

日本の大学では画期的な取り組みである。初めのうちは戸惑っていた学生も、毎日、英語を聞いていると、しだいに慣れてくる。実践的な英語力が自然に身についていくのだ。

このＥＭＩには、さらに、二つの狙いがある。

その一つは、優秀な海外の留学生を呼び込むことだ。アジア諸国を中心に、将来は日本企業で働くために、日本の大学で学ぶことを希望する若者は多い。しかし、そこには日本語の壁がある。ＥＭＩを導入することで、この壁はなくなる。二〇二一年九月には工学部・工学研究科に世界二十一カ国から留学生が入学した。

日本人学生にとっても、留学生と机を並べて競い合うことにより、実践的な英語力が鍛えられる。グローバルな視点も備えることができるわけだ。まさに一石二鳥である。

もう一つは、海外の優秀な研究者を集めるために大きな威力を発揮するということだ。大学の国際化を実現するために、わが大学では教員の国際公募に力を入れている。EMIによって、ここでも日本語能力の壁はなくなり、欧米やアジア、アフリカなど多様な国から有能な研究者をそろえることができたのだ。

私の理念に賛同し、世界中から多くの人が志願してくれたことは、とても心強いことである。

実力しだいで羽ばたける時代がやってきた

「こんなにいい時代はないぞ」と、私はつねづね若い人にいい聞かせている。

これまでの日本社会は、偏差値が高い有名大学を卒業しなければ、いい会社に入って、安泰な人生を送ることができなかった。二十歳前後で人生のレールが決められてしまっていたのだ。

しかし、いまやそのような学歴ブランド主義の時代は終わりを告げた。かつてのように有名大学出身というだけで重宝されることはない。

時代は大きく変わった。実力そのものが問われる時代がようやく到来したのだ。これからの時代は自分の夢、職業観、理念を大事に生きていくことである。自らの心に火をつけてひたすら前進できる「自燃型」の人間こそが求められているのだ。

だから、若い人には、まず「一番」になれるものを早く見つけてほしい。どんな人でも才能と実力をもっているはずである。それが見つかれば、自信をもって人生を歩んでいけるはずだ。そして「大ボラ」を吹いてほしい。旗を掲げて夢を叫ぶからこそ、「成しとげる力」を発揮することができるのだ。

もちろん大きな変化の時代である。思いもよらない苦難が押し寄せることもあるだろう。しかし、再三述べてきたとおり、苦労のあとには必ず喜びが来る。一つ悪いことが起きたら、必ず二ついいことがやってくる。これまでの波瀾《はらん》万丈の半生を振り返り、確信をもっていうことができる。

だから、大きな困難にぶつかっても、あきらめずに立ち向かってほしい。

半世紀前に、わずか四人の若者が「世界一のモーターメーカー」を志して立ち上げた会社は、いま世界に知られる会社にまで成長した。そして、私はまた、次のビジョンを実現するために、これからも歩いていくつもりだ。

この本を読んでいるあなたに、ぜひそのあとに続いてほしいと思っている。

ともに明るい未来を築いていこうではないか。

エピローグ

決めたことをきっちり守る私の習慣

私は何事に関しても、決めたことをきっちり守るのが好きである。

毎朝目が覚めるのは五時五十分と決まっている。目覚ましも何も要らない。自然にバチッと目が覚めるのだ。起き上がるとすぐさま浴室で熱いシャワーを浴び、その後は着替えながら新聞に目を通す。六時にはテーブルについてテレビのニュースや経済紙を見ながら食事をとり、六時三十分に迎えに来る車に乗って会社に向かう。もう何十年もこの生活を続けている。

決めているといえば、ネクタイは緑色と決めている。自宅には一番から二千番まで番号を振った収納棚を作り、二千本持つことを目標にしている。カバン、カフスボタン、名刺入れなど身の回りのものも緑に統一している。日本電産のコーポレートカラーも緑なら、本社のエレベーターまで緑である。

なぜ緑かといえば、陰陽道に生まれた年で吉凶を占う九星術というものがある。私の場合は一九四四年生まれなので「二黒土星《じこく》」という星回りに当たる。この星の下に生まれた人は、豊かな実りを生む「土」の資質をもつといわれている。

土はそのまま放っておくと腐ってしまう。そうならないためには、種をまいて、樹木や草といった「緑」を育てる必要がある。そうすれば、土が生きるわけだ。土には緑が欠かせない。だから緑なのだ。

樹木や草花といった「緑」が育つためには、太陽の恵みも不可欠だ。だから、私はどこに行っても太陽に向かって座るようにしている。机も必ず南向きか東向きだ。会社員だった時代には、勝手に机を動かして、よく上司に怒られたものだ。

いつも太陽に向かって座るので、ついたあだ名が「ひまわり君」。日本電産の本社ビルに入ると、一階のショールームに大きなひまわりの絵がいくつも飾られているのが目に入る。ひまわりはいちばん好きな花だ。いまでも出張でホテルに泊まるときには、必ず陽のあたる南側の部屋と決めている。

泊まる部屋のグレードも、そのときどきによって決めてきた。会社を創業したばかりの頃は、上野の木賃宿と決めていた。地方から出てきた労働者が泊まるような、一部屋に十人ほどが雑魚寝《ざこね》をする宿である。

やがて、少し会社が大きくなったら小さなビジネスホテルを使うようになった。自分の「出世」具合に応じて、ホテルもグレードを上げていき、いまは東京では帝国ホテルに泊まるが、まだ最高ランクの部屋までには至っていない。

南向きの部屋ということは決めているが、グレードでいえばまだ中の上ぐらいのものだ。やがては海外の要人などが泊まる最高ランクの部屋に泊まれることを夢みている。

未来への新たな取り組みも始まっている

日々の働き方についても、創業期は夜中の十二時まで仕事をすると決めていた。その後は、年齢が十歳上がるたびに一時間ずつ、終業時間を早めるように心がけてきた。

いまでは社員と同じように、夜は早い時間に帰宅できるようになった。家では古希の祝いに新設したトレーニングジムで汗を流し、早めに寝るようにしている。おかげで、目覚めたときは爽快で、仕事の能率も向上した。

思えば、これまでの人生も、自分で決めた道をきっちりと歩んできたように思う。第1章で述べたように、一九七三年に会社を創業したとき、たった三人の社員を前に一時間四十分にわたって、壮大なビジョンを語った。二十年後に自社ビルを建て、三十年後には京都でいちばん高い本社ビルを建設する。そして、五十年後には売上高一兆円をめざす、とぶち上げた。「一億円の間違いじゃないですか」と問い返す者もいたが、目標はすべて実現した。

そして、七十五歳になって、新たに「五十年計画」を立てた。五十年後の目標は売上高百兆円だ。これまでは仕事一筋に打ち込んできたが、今後の経営は徐々に後進に任せようと思っている。私自身は人材育成など社会に少しでも貢献できる分野に力を注いでいくつもりだ。

師と仰いでいる京セラの稲盛和夫さんも、いつの頃からか「心の美しさ」や「利他」ということをさかんに説かれるようになった。当初は「厳しいビジネスの世界にあって、綺麗事《きれいごと》なのではないか」と思って聞いていたが、最近は私も残りの人生をいかに世のために生きるかということを考えるようになってきた。

これまでに公益財団法人をつくってモータの研究・開発者を顕彰・助成したり、最先端のがん治療施設を京都府立医科大学に寄付するなどしてきた。また、直近の問題として、高齢者医療にも何らかの形で助成をしていきたいと思っている。とくに都市部ではない郊外や地方に住んでいる高齢者に対する医療はまだまだ脆弱《ぜいじゃく》で、これからいっそう加速する高齢社会への不安が高まる。こうした問題に、一石を投じていきたい。

そして、いまもっとも力を入れているのが、本文でも取り上げた大学改革である。運営法人の理事長を務める京都先端科学大学を拠点に、偏差値重視、ブランド大学偏重の、いまの大学教育に風穴を開け、世界に通用する人材を育てたい。若者に夢と希望を与えたいと願っている。これまで二百億円を投じてきたが、これからも私財をつぎ込むことをいっさい惜しまない。

新しい五十年計画を責任をもって見届けるためには、百二十五歳まで生きることになる。そのためにも健康には細心の注意を払っている。お酒も飲まないし、タバコも吸わない。七十歳の古希にトレーニングジムを自宅に作り、トレーナーの指導で、毎日、一時間ほどのトレーニングを欠かさない。本気で百二十五歳まで生きるつもりでいる。

母の教え、妻の協力あっての人生だった

これまで本書で述べてきた私の哲学、考え方は、もとをたどればほぼすべてが母からの教えである。「一番をめざしなさい」「一番以外はビリである」などというのも、小さい頃から幾度となく母から聞かされたことであった。一番をめざせといつも鼓舞し続けてくれたおかげで、努力の大切さも身に染みてわかった。

「お前は天才ではない、凡人なのだから、成功したいのなら、人の何倍も努力をしなさい」ともいわれた。私が一年三百六十五日働くのは、自分を凡人だと信じているからである。

「努力は絶対に人を裏切らない」という信念も、母親の背中を見て学んだものである。人は裏切ることがある。国家も裏切ることがあるが、自らの努力だけは必ず報いてくれる。それだけに努力を怠ってはならないということだ。

じっさい、父が亡くなってから、女手一つで一家を支えたのは母である。朝は誰よりも早く起きて畑仕事に出かけ、夜は子どもたちが寝静まっても休みなく働いていた。そんな母親の背中を見て育ったせいか、その教えは深く心に刻まれ、いつしか人生訓としてその後の経営者人生の背骨となっていった。

人生はよいことがあれば悪いこともあるサインカーブであり、全部足せば、プラスマイナスゼロになるというのも、小さい頃から母に聞かされた話であった。だからこそ努力を重ねれば、それだけ喜びもやってくる。振幅の大きい人生になるのだ。母の教えのおかげで、私も振幅の大きい、波瀾《はらん》万丈でおもしろい人生を送ることができている。

母は私に「勉強しなさい」とはいわなかった。勉強するかどうかは、自分しだいだというのだ。これは妻も一緒で、二人の息子に「勉強しなさい」「一流大学をめざしなさい」ということは、いっさい口にしなかった。それどころか、「大学に行くのがイヤだったら、高校を出て働いたらいい」とまでいっていた。

そのせいか、二人ともろくに勉強もしなかったが、長男は現在一部上場企業の社長を務め、次男も起業している。親である私がいうのも何だが、経営もなかなか上手だ。人に好かれ、人をうまく使って、巧みに会社を切り盛りしていることが、傍目《はため》から見ていてもわかる。

わが家では忙しい私に代わって、二人の息子の教育はもっぱら妻が行っていたが、その教育がよかったのだろう、息子たちもそれなりのものに育ったようだ。

家にいるときはいろいろと妻が世話を焼いてくれるが、家を一歩出たら、家庭のことはいっさい忘れる。そんな生活を何十年も続けてきた。

妻と結婚したのも、私の条件にぴたりと合ったからである。独身のときから、いずれは事業を興《おこ》すと決めていたので、家庭をすべて任せられる人でなければ結婚はできなかった。もう一つは料理が上手なこと。これはたんに私が食べるのが大好きだからだ。

私は昔から決めた時間はきっちり守る性分だったので、時間にルーズな女性とはつきあうことができなかった。その点、うちの妻は必ず私より先に待ち合わせの場所にやってきていた。私が待ち合わせの三十分前に着いても、それを見越して早く来ている。そんなところから、結婚するならこの人しかいない、と思うようになった。

何はともあれ、家庭のことを何も心配せずに仕事に打ち込めたのは、ひとえに妻と二人の息子のおかげである。家族の協力がなくては、ここまで会社を大きくすることはできなかっただろう。

人生というドラマを悔いなく生きるために

そんな妻が親しい友人に語ったところによると、私は「喜・怒・哀・楽」の四つの要素しかもたない、きわめて単純な人間であり、それがわかればつきあい方はきわめて簡単だそうである。当たらずとも遠からず、である。

たしかに家でテレビドラマを見ていても、悲しい場面になると涙を流してワアワアと泣いてしまう。妻からは、「ドラマはつくりものなのよ」といって笑われるが、そう知ってはいても、つい引き込まれてしまうのだ。

考えてみれば、会社経営も人生もまたドラマである。それぞれの人が、それぞれの場面で与えられた役割を演じる。悲しいときには心から泣き、うれしいときにはともに手をとって喜び、楽しいときには大口を開けて笑い転げる。そんな「喜・怒・哀・楽」を共有してこそ、感動的なドラマをつくり上げていくことができるのだ。

この年になって同窓会などに出ると、私のほかはほとんどが職業人生を終えてリタイアした人たちばかりである。そのほとんどの人の口から聞かされるのが、「自分の人生、こんなはずではなかった」という後悔の言葉である。

これまでさまざまな人の声を聞いてきたが、百人いれば九十九人、ほぼ全員がそのようにいう。「自分の人生はいい人生だった。いっさい悔いはない」と自信をもっていえる人は、一人いるかどうかだ。その次には、「永守、お前はいいな」とくるのがつねである。

とくによく聞くのはお金のことである。若いときは「自分は清貧の人生を貫くのだ」といって粋がるのもよいが、年をとってから後悔するぐらいなら、しっかりと悔いのない人生を送るのが大切なことである。

いまからでも取り戻せることであれば、後悔はしないだろう。しかし、何十年も仕事をしてきて、職業人生が終わりを告げたあとに、「若いときに、もっとこんな仕事に挑戦しておけばよかった」「こんなふうに生きてくればよかった」といくらいってみてもあとの祭りで、悔いが残るだけである。

いかに悔いのない人生を送るか——。そのためには絶対に実現したいという夢や希望をもち、これだけは成しとげるという気概と執念をもって日々生きていくことだ。仕事だけの話ではない、自分の人生をいかに成功させるかである。

それは、人生というドラマを自らがいかに演出し、感動的なものにしていくかということでもある。

二十八歳のとき、「夢見る夢夫」として会社を設立して以来、その発展に全力で取り組み、押し寄せる幾多の困難もまた楽しみに変えて、乗り越えてきた。たった一度の人生、限られた時間のなかでくり広げられるドラマにおいて、大きな夢をもち、あらゆることに懸命に、真剣に、徹底的に取り組んできた。

もとより自分の考えや行動を制限するのが大嫌いな性分の私は、会社でも歯に衣着せぬものいいをくり返し、社員を怒鳴り散らしてきた。会社がここまで成長したのは、それでも耐え忍んでついてきてくれた社員と仲間の支えがあったがゆえである。

いままた新たに「五十年計画」を立てた「夢見る夢夫」は、これからも遠大な計画の実現に向けてひた走るつもりである。去る者を追うつもりはないが、「この指とまれ」で、また一緒に歩んでくれる人がいるならば、うれしいかぎりである。

永守重信（ながもり・しげのぶ）

1944年京都生まれ。職業訓練大学校（現・職業能力開発総合大学校）電気科卒業。73年、28歳で従業員3名の日本電産株式会社を設立し、代表取締役社長に就任。80年代から国内外で積極的なM&A戦略を展開し、精密小型から超大型までのあらゆるモータとその周辺機器を網羅する「世界No.1のモーターメーカー」に育て上げた。代表取締役会長兼社長（CEO）、代表取締役会長（CEO）を経て、2021年より代表取締役会長。

2014年、世界のすぐれたモータ研究者の顕彰と研究助成を目的とした公益財団法人永守財団を設立、理事長に就任。また18年には京都先端科学大学を運営する学校法人永守学園理事長に就任。ブランド主義と偏差値教育に偏った日本の大学教育の変革と、グローバルに通用する即戦力人材の輩出に情熱を燃やしている。

著書に『「人を動かす人」になれ！』（三笠書房）、『情熱・熱意・執念の経営』（PHP研究所）など。

成しとげる力

2021年11月25日　初版発行
2022年 1 月15日　第6刷発行

著　者　永守重信
発行人　植木宣隆
発行所　株式会社サンマーク出版
　　　　東京都新宿区高田馬場 2-16-11
　　　　電話　03-5272-3166
印　刷　共同印刷株式会社
製　本　株式会社若林製本工場

ISBN978-4-7631-3931-3 C0030
ホームページ https://www.sunmark.co.jp